KB040102

평범한 SNS로
월 100 벌기

평범한 SNS로
월 100 벌기

초판 1쇄 발행 2023년 4월 5일

지은이 최하나
발행인 송현옥
펴낸곳 도서출판 더블:엔
출판등록 2011년 3월 16일 제2011-000014호

주소 서울시 강서구 마곡서1로 132, 301-901
전화 070_4306_9802
팩스 0505_137_7474
이메일 double_en@naver.com

ISBN 979-11-91382-21-1 (03320)

평범한 SNS로 월 100 벌기

하루 30분이면 충분한,
돈 버는 SNS의 공식

최하나 (글 쓰는 개엄마) 지음

더블:엔

얼마 전, '성공하는 유튜브의 공식'을 알려준다는 한 영상을 보게 되었습니다. 사실 큰 기대를 하지 않고 흘려들을 생각으로 재생 버튼을 눌렀는데요. 아뿔싸, 어느새 집중해 끝까지 시청하고야 말았습니다. 그 이유는 영상에서 소개한 '성공하는 유튜브의 공식'을 '성공하는 SNS의 공식'으로 단어 하나만 바꾸면 제가 생각해온 것과 똑같았기 때문이었습니다.

- 하나, 지속 가능한 소재를 선택하라
- 둘, 조회 수로 수익을 내려 하지 마라

'아, 다 비슷하구나.'

저는 현재 세 가지 SNS(+α)를 운영하고 있습니다. '인스타그램'과 '블로그' 그리고 '유튜브'가 그것이지요. 또한, 승인을 받아야만 운영할 수 있는 카카오의 '브런치'도 사용하고 있습니다. 하지만 저의 SNS는 많은 팔로워 수를 자랑하지도, 조회 수가 어마무시하지도, 구독자 수가 많지도 않습니다. 정확히 말해 유명 인플루언서를 가르는 기준에는 미치지 못합니다.

현재 저의 SNS 현황은 다음과 같습니다.

- 📌 블로그 : 평균 일 방문자 수 300~500명 사이, 최고 1,000명대 (유명 블로그는 일 방문자 수 1,000명 이상)
- 📌 인스타그램 : 팔로워 수 3,033명 (2023년 3월 기준) (인플루언서 기준은 적어도 팔로워 수 10,000명 이상
- 📌 유튜브 : 구독자 수 1,677명 (2023년 3월 기준) (수익창출 가능한 유튜브는 구독자 수 1,000명 이상이며 유의미한 수익창출 가능한 유튜브는 구독자 수 10,000명 이상)

블로그와 인스타그램은 그 기준에 1/3 정도 수준이며 유튜브 는 1/10 수준밖에는 안 됩니다. 하지만, 저는 이를 통해 월 100만 원의 수익을 내고 있습니다. 유명하지 않은 '평범한' SNS를 가지고 말입니다. 어떻게 가능한 걸까요?

이제 위의 '성공하는 유튜브의 공식'을 다시 한 번 언급해야 할 것 같습니다.

📌 하나, 큰 시간을 들이지 않고 꾸준히 올릴 수 있는 아이템으로 포스팅하기
📌 둘, SNS 자체 수익보다는 이 플랫폼을 포트폴리오 삼아 수입 올리기

저는 블로그에는 일상과 관련된 콘텐츠를 올리고, 인스타그램에는 일과 반려견에 관한 콘텐츠를, 유튜브에는 커리어와 관련된 콘텐츠를 업로드하고 있습니다. 유튜브를 제외하고는 딱 하루 30분 정도만 투자하고 있고요. 이건 경험에서 비롯된 신념이자 필살기이기도 한데요. 본업이 아닌 것에는 최소한의 시간만 투자하는 30분 공식을 사용합니다.

어떤 이들은
인스타그램과 유튜브는 레드오션!
블로그는 한물갔다!
고 말하기도 합니다.

하지만 그 말은 반은 맞고 반은 틀린 이야기입니다.
사실 파워블로그 제도가 폐지된 후 블로그 열풍은 잠잠해졌습니다. 인스타그래머블 피드가 수십 수백만 개는 있습니다. 또한 이제는 방송국조차 유튜브 채널을 개설해 구독자를 모으

고 있습니다. 그래도 여전히 수익을 낼 수 있습니다. 1등이 되지 않아도 유명하지 않아도 많은 시간과 돈을 투자하지 않아도 됩니다. 제가 그랬으니까요.

어떤 쇼핑몰에서는 이런 캐치프레이즈를 사용하더라고요. '미룰수록 배송만 늦을 뿐.'

저는 이렇게 말하겠습니다. '망설일수록 시작만 늦춰질 뿐.'

그럼, 이제 저와 함께 '평범한 SNS로 월 100만 원 벌기'가 어떻게 가능한 건지 한번 확인해보실까요?

CONTENTS

PART 1

SNS 중에
어떤 걸 해야 할까?

블로그 vs
인스타그램 vs
유튜브 중
내게 맞는 것은?

───────── SNS를 하는 목적은 사람마다 다를 수 있습니다. 누군가는 취미를 기록하기 위한 용도로 할 수도 있고, 누군가는 작은 사업체를 운영하며 이를 홍보하고 판매 루트를 개척하기 위해서 SNS를 할 수도 있겠죠. 또는 온라인상에서 다양한 사람들과 어울리고 소통하기 위해서 하는 경우도 있겠네요.

어떤 목적을 가지고 하느냐에 따라 어떤 SNS를 선택해야 할지도 달라질 수 있는데, 단 하나만 하는 것보다는 저는 메인으로 한 가지를 가져가되 이를 재가공하여 두 가지 정도 더 하시는 걸 추천합니다.

2023년 현재, 저는 블로그와 인스타그램, 유튜브, 이렇게 세 가지의 SNS를 모두 운영하고 있습니다.
블로그는 '글 쓰는 개엄마' 라는 타이틀로 일상과 맛집에 관련한 카테고리의 글을 발행하고 있습니다. 인스타그램은 저의 필명인 'Choi Spring'으로 일과 반려견 일상을 가지고 피드를 꾸미고 있습니다. 유튜브는 '혼자 일해요' 라는 이름으로 커리어에 대한 내용만으로 콘텐츠를 만들고 있고요.

메인으로 인스타그램을, 서브로 블로그와 유튜브를 합니다. 큰 플랫폼 하나를 키우기보다는 셋을 같이 운영하며 장단점을 보

블로그는 '글 쓰는 개엄마'
타이틀로 일상, 생각, 맛집
과 관련된 글을 올린다.

인스타그램에는 일과 반려견 일상 위주로 피드를 꾸민다.

혼자 일해요 유튜브

완하려고 하기 때문인데요. 많은 시간을 투자해야 할 것 같지
만 실은 그렇지는 않습니다. 같은 콘텐츠를 다른 형태로 업로
드하기 때문입니다.

　예를 들어, 인천의 오션뷰 명소를 소개한다고 해볼게요. 바

다가 내려다보이는 근사한 카페에 들러 커피를 마시고 바닷가 산책 코스를 포스팅하려고 계획을 세워보도록 하겠습니다.

- 📌 바다가 내려다보이는 근사한 카페의 자세한 정보 및 감상
  ▶▶▶ **블로그**

- 📌 바다가 내려다보이는 근사한 카페에서의 가장 잘 나온 사진과 어울리는 카피 ▶▶▶ **인스타그램**

- 📌 바다가 내려다보이는 근사한 카페에서부터 바닷가 산책까지의 전 과정 ▶▶▶ **유튜브**

이런 방법으로 하면 여러 개의 플랫폼에 콘텐츠를 올리는 데 큰 시간을 할애하지 않아도 됩니다. 그저 잘 가공해 업로드하면 되니까요.

그렇다면 이 세 플랫폼은 어떤 특징을 가지고 있고 어떻게 다를까요?

우선, 블로그는 보통의 사람들이 접근하기에 가장 대중적이면서 편리한 SNS입니다.

제가 블로그에 대해 인식했던 시점은 2007년 즈음이에요. 어학연수를 준비하고 있었던 저는 관련 정보를 얻고자 유학원에서 운영하는 카페에 가입했는데 통신원이라는 신분으로 어학연수를 하며 해당 국가의 생활 정보나 어학원 후기 등을 정기

적으로 올릴 학생을 모집해서 운영하는 걸 보았습니다. 그때 이들이 자신만의 블로그에 해당 내용을 올린 것을 보며 신기하다는 생각이 들었습니다. 저도 해보고 싶기는 했지만 모국어를 사용하지 않아야 외국어가 더 빨리 는다는 생각에 도전하지 못했고, 그렇게 조금 더 일찍 SNS를 접할 수 있었던 기회를 놓치고야 말았습니다. 그 후 네이버의 블로그는 '파워블로그' 제도를 통해 엄청난 인기를 얻고 유명 블로거들을 탄생시켰습니다. 2016년 공식적으로 그 제도가 폐지되기 전까지 대부분의 정보들이 이 플랫폼을 통해 퍼지고 소비되었고요.

지금은 블로그를 덜 하는 추세이지만 파워는 여전합니다. 2021년 기준 네이버 신규 블로그는 200만 개이고 신규 콘텐츠는 3억 개라고 발표된 것처럼요(출처: 네이버 보도자료). 보통 뭔가를 하기 전에 먼저 검색을 통해 훑어보는 게 바로 블로그 포스팅이기도 합니다. 예를 들면 이런 식이죠.

- 📌 분위기 좋은 맛집에서의 완벽한 데이트를 위해서 먼저 해당 검색어로 장소를 확인해본다
- 📌 셀프 인테리어를 하기 위해 방산시장을 찾기 전 해당 업체에 대한 후기를 검색어로 확인해본다
- 📌 디딤돌 대출을 받기 전에 어떤 절차로 진행되는지 알기 위해 경험담을 해당 검색어로 확인해본다

위의 자료가 말해주는 것처럼, 우리는 포스팅을 직접 하지 않더라도 남의 포스팅은 거의 매일 보는 셈입니다.

원래 블로그 서비스는 네이버만 했었던 게 아닙니다. 블로그는 티스토리 서비스와 함께 양대 산맥으로 불렸어요. 둘 다 광고를 붙여서 수익을 낼 수 있는데 티스토리의 경우 검색 시 노출이 잘 안 되는 탓에 많은 유저들이 네이버 블로그로 옮겨갔고, 현재는 블로그를 한다고 하면 네이버 블로그로 인식되고 있습니다.

네이버 블로그를 운영하는 건 어렵지 않습니다. 네이버 포털 사이트에 가입만 되어 있다면 당장에 개설할 수 있어요. 그리고 글을 업로드하면 끝입니다. 다만, 광고를 붙이기 위해서는 '애드포스트'라는 서비스에 가입해야 하는데 이는 다음의 최소 조건을 충족해야 합니다.

📌 **가입한 지 90일 이상**
📌 **발행한 포스트 50개 이상**
📌 **일 방문자 수 100명 이상**

공식적인 기준은 아니니 참고하여 신청하면 됩니다.

'애드포스트' 승인까지 되었다면 네이버 블로그로 수익 내는 방법에 한발짝 가까워졌다고 보면 되고요.

다음으로, 인스타그램은 가장 적은 시간을 투자해 관리할 수 있는 효율 높은 SNS입니다.

'인스타그래머블'이라는 단어를 들어본 적이 있으신가요? 이는 인스타그램에서 볼 법한, 인스타그램에 어울릴 법하다는 뜻의 표현으로 감성적인 사진이나 잘 꾸며진 포토존 그리고 힙한 장소를 봤을 때 자주 사용합니다. 하지만 그 스타일을 한 단어로 정의 내리기는 어렵습니다. 사람마다 감성적이고 힙하다는 느낌의 기준이 다 다르기 때문이죠. 하지만 이거 하나는 분명합니다. 평범한 것은 인스타그래머블하지 않다는 것. 평소 자주 볼 수 없는 것이라면 인스타그래머블하다는 것. 그래서 인스타그램에서는 지금은 거의 남아 있지 않은 옛것들도 인스타그래머블하다고 합니다. #촌캉스 #레트로 #뉴트로 #아날로그로 검색해보면 당장 알 수 있을 겁니다.

인스타그램은 긴 텍스트와 많은 이미지로 구성되는 블로그와는 다르게 한 장의 사진과 한 장의 카피만으로 업로드가 가능합니다. (여러 이미지를 올릴 수 있는 기능이 있지만, 이는 필수가 아니라 선택이에요) 그러다 보니 한 번의 스크롤만으로도 SNS를 운영하는 사람의 캐릭터나 커리어를 한눈에 파악할 수 있습니다. 이는 단점이 되기도 합니다. 전체 피드를 확인할 때에는 본문 내용은 노출되지 않기 때문에 사진의 통일성이 있어야 어떤 가치를 추구하고 어떤 일을 하는 사람인지, 그리고 어떤 캐릭터를 가졌는지를 확실히 전달할 수 있거든요.

그래서 인스타그램 활용과 관련된 강의나 책을 훑어보면 피드의 통일성과 예쁘고 감각적인 피드를 연출하는 법을 주로 이야기합니다. 이 때문에 유저들은 이를 기준 삼아 스마트폰을 선택하기도 합니다. 또한, 인스타그램에 잘 나올 사진을 위해 유료 필터를 구매하여 사용하는 이도 적지 않습니다. 아울러 비교적 짧은 텍스트를 소비하기 때문에 자세하고 친절한 내용보다는 이미지나 그 상황에 어울리는 센스 있는 한 줄이 더 각광받는 경향이 있습니다. 인스타그램에 미쳐 있는 사람은 그 때문에 일부러 카피 관련 책을 챙겨보기도 한다네요.

그러다 보니 상대적으로 요즘 트렌드를 잘 읽고 따라갈 수 있는 사람이 인스타그램을 잘 활용할 수 있습니다. 해시태그 기능이 있지만, 검색을 통해 노출되는 빈도가 블로그보다 훨씬 적으니 팔로우 수가 많아야 SNS를 할 맛이 나고요. 이 때문에 비교적 높은 연령층의 유저들은 시도를 하지 않거나 이탈하는 경우가 많습니다.

마지막으로, 가장 큰 수익을 기대해볼 수 있는 SNS의 최강자 유튜브가 있습니다.

사실 유튜브는 앞서 소개한 블로그, 인스타그램과는 성격이 매우 다릅니다. 난도도 아주 높고요. 하지만 가장 신뢰를 줄 수 있는 플랫폼이기도 하면서 그 자체로 가치 있는 결과물로 인정받을 수 있는 도구입니다.

유튜브도 구글 계정만 있다면 바로 채널 개설이 가능합니다. 어떤 제약도 없으며 영상을 찍어 업로드하면 바로 노출됩니다. 거기다 가장 확실한 광고수익을 보장하는 SNS이기도 하고요. 그 유명한 '보람튜브'는 유튜브로 거둬들인 이익으로 건물주가 되었으며 해마다 많은 이들이 본업을 그만두고 전업 유튜버로 거듭날 정도로 큰 기회의 장이기도 하죠.

하지만 그 때문에 경쟁이 치열해져 레드오션이라고 보는 시선도 있습니다. 실제로 방송사별로 많게는 십수 개의 채널을 가지고 있기도 하며 유명 연예인들도 직접 채널을 운영합니다. 이들과 같은 콘텐츠로 경쟁한다면 승산은 거의 제로에 가까울 겁니다. 게다가 수익을 내기 위해서는 다음의 조건을 충족해야 하고요.

- 📌 **구독자 1,000 명 이상**
- 📌 **유효시청시간 4,000시간 이상**

채널 개설 후 한두 달 만에 천 명을 찍는 경우는 많지만, 여기에 누적 시청시간이 4,000시간 이상 되어야 하므로 결코 만만하게 봐서는 안 됩니다. 산술적으로만 따져도 하루 10시간 시청 시, 400일이 걸리는데 보통 유튜브에 가장 적합하다고 여겨지는 영상길이가 평균 15분 내외이고 보통 시청지속비율이 30~40% 정도라고 하니 얼마나 이 기준에 도달하기 어려운지 가늠할 수 있을 겁니다.

게다가 텍스트나 이미지 기반의 SNS와는 다르게 품이 많이 듭니다. 저는 세 가지 모두 운영하고 있는데 단연코 유튜브가 가장 많은 시간이 소요됩니다.

- 📌 **콘텐츠 기획**
- 📌 **촬영**
- 📌 **편집**
- 📌 **업로드**

이 작업을 하는 시간은 아무리 적어도 한 시간, 길면 두어 시간도 훌쩍 넘습니다. 저는 주로 앱을 이용해서 간단하게 컷 편집만 하는 정도고 자막생성 프로그램으로 완성하지만, 만약 프리미어 프로를 이용해 전문가 수준의 영상 퀄리티를 내고자 한다면 작업 시간은 무한대로 늘어날 수도 있어요. 그야말로 제대로 하고자 하면 본업에 지장을 줄 수 있을 거예요.

하지만 그만큼 높게 평가받을 수 있습니다. 보통은 얼굴이 나오고 목소리가 담기기 때문에 신뢰도가 높고요. 이는 하나의 브랜드처럼 나를 소개하거나 알리는 가장 효과적인 수단이 되기도 하는데요. 힘든 만큼 보람이나 결과도 더 큽니다.

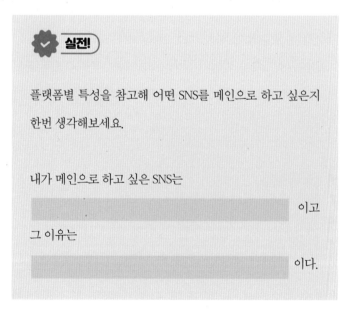

실전!

플랫폼별 특성을 참고해 어떤 SNS를 메인으로 하고 싶은지 한번 생각해보세요.

내가 메인으로 하고 싶은 SNS는

　　　　　　　　　　　　　　　　　　　　　　　　　　이고

그 이유는

　　　　　　　　　　　　　　　　　　　　　　　　　　이다.

조금 더!

블로그는 텍스트 1,000자 이상 이미지 개수 10장 이상은 되어야 최소한의 상위노출 조건이 갖춰지므로 상대적으로 길이가 긴 편입니다. 다만 얼굴 노출을 하지 않아도 되고 익명성이 절대적으로 보장됩니다.

인스타그램의 경우 정말 잘 찍은 이미지 한 컷과 센스 있는 카피가 필요해요. 그래서 피드에 업로드하는 시간보다는 준비하는 데 더 많은 시간이 들어갈 수 있습니다. 또한, 해시태그 검색 외에는 노출이 잘 되지 않아 초반에 팔로워 수가 적으면 하는 재미가 없을 수 있어 길게 보고 시작해야 합니다.

마지막으로, 유튜브는 콘텐츠 제작에 시간이 꽤 많이 들고 딱 한 가지 주제로만 채널을 만들어가야 해서 상대적으로 제약이 큽니다. 또한, 얼굴이나 목소리가 노출되기도 하고 악플이 종종 달리기도 하니 그런 부분을 꼭 고려해야 합니다.

블로그
지금 시작해도
늦지 않아

────── 2012년, 제가 블로그를 시작할 때만 해도 다들 왜 이제야 하느냐고 만류하더군요. 당시 저는 주 5일+반나절을 꼬박꼬박 출근하는 직장인이었습니다. 퇴근하고 돌아오면 손 하나 까딱할 기운이 없는 골골대는 체력의 소유자였고요. 그러니 주변 사람들이 그렇게 말하는 걸 이해할 수 있었습니다. 다만, 제 안에는 세상을 향해 표현하고 싶은 것들이 너무 많이 쌓여 있었습니다. 직장을 다니며 할 수 없는 농밀한 이야기들을 제 블로그에 조금씩 올리며 갈증을 해소하고 싶었습니다.

2023년인 지금도 여전히 블로그를 열심히 하는 제게 사람들은 이제는 거꾸로 상담을 청해옵니다.

"지금 해도 늦지 않나요?"

"제가 시작했을 때도 다들 늦었다고 했었어요. (웃음)"

블로그로 억대 수입을 올리고 전업 블로거가 되길 원하는 게 아니라면 늦지 않았습니다.

📌 내가 하고 싶은 이야기가 있고 편하게 털어놓을 공간이 필요하다면
📌 남들과 공유하고 싶은 멋진 공간에 대해 말하고 싶다면
📌 검색을 통해 나의 글이 세상 사람들에게 읽히길 원한다면
📌 블로그를 함으로써 부수입을 원한다면

늦지 않았습니다. 지금이 제일 빠른 시기입니다.

블로그를 하면서 가끔 '블로그 체험단'이 되어 리뷰를 쓸 때가 있습니다. 이때 무료로 서비스나 물건 등을 받고 후기를 업로드하는데요. 조건이 있습니다.

📌 글자수가 1,000자에서 1,200자 사이여야 할 것
📌 사진은 최소 10장 이상이어야 할 것

이 두 가지는 업체마다 조금씩 다르기는 하지만 대동소이한 조건들입니다. 그러니 블로그를 한다는 게 진입장벽이 아주 낮은 셈은 아닙니다. 적어도 1,000자 이상 할 말이 있어야 한다는 거죠. 그게 나의 의견이든 정보든 말입니다. 하지만 또 그렇다고 너무 겁먹을 필요는 없습니다. 맛집이나 숙소에 대한 리뷰를 쓸 때는 위치나 가격을 포함한 다양한 내용이 들어가야 하니 글자수를 채우는 게 그리 어려운 일은 아닙니다. 쓰다 보면 예상보다 훨씬 길어지게 되는 경우가 많지요. 블로그에 글을 쓰는 것은 누군가와 수다를 떠는 것과 비슷하기 때문입니다. 글자수나 사진 개수의 제약 말고는 이렇게 써야 한다 저렇게 써야 한다는 형식의 제약이 거의 없습니다. 제목과 본문만 구

별해서 쓰면 어떻게 해도 Okay! 그래서 저는 블로그 업로드할 때가 가장 마음이 편합니다. 오해는 하지 말아주세요. 대충 써도 된다는 게 아니라 격식을 크게 갖추지 않아도 되니 편한 옷을 입은 듯한 기분이 든다는 뜻이니까요.

그렇다면 블로그에 무슨 내용을 써야 하냐고요? 정해진 게 없으니 자유롭게 원하는 대로 써도 상관없습니다. 정말입니다. 글과는 멀어졌다는 MZ 세대들도 생각보다 열심히 포스팅을 합니다. 일기부터 패션 아이템 리뷰까지 정말 시시콜콜한 내용이 많습니다. 공통점이 없다는 게 특징이긴 한데 한 가지 뚜렷한 특성이 보입니다. 바로 자신이 잘 알고 잘 할 수 있는 이야기를 쓴다는 점입니다. 전문가가 아닌데도요. 이제 감을 좀 잡으셨을까요?

내가 보고 듣고 해온 일 중에 오랜 시간을 보냈거나 애정이 있는 것에 대해서 포스팅을 하면 됩니다. 저는 동구와 덕구라는 이름의 강아지를 키우고 있어 '글 쓰는 개엄마' 라는 닉네임을 사용합니다. 그러다 보니 자연스럽게 반려견과 관련된 내용을 일상에서 많이 접하고 그에 대한 정보도 자연스럽게 잘 알고 있죠.

- 알레르기 때문에 눈물을 자주 흘려 털이 빨갛게 변하는 하얀 강아지들을 위한 사료
- 자차가 없는 견주가 사용하면 좋은 펫택시 서비스
- 근교에 새로 생긴 애견 놀이터
- 다견가정도 이용할 수 있는 애견전용펜션

이런 내용을 포스팅하고 있습니다. 정말 반가운 건 같은 견주분이 도움이 되었다고 댓글을 남길 때입니다. 그리 잦은 일은 아닙니다만 그런 날에는 종일 들떠 있어 남편이 이상하게 생각할 정도입니다.

또한, '글 쓰는' 개엄마이기에 커리어와 관련된 내용도 자주는 아니지만, 포스팅합니다.

- 동네책방에서 여는 글쓰기 수업
- 도전해보면 좋을 만한 에세이 공모전
- 마감할 때 가면 좋은 장소

이런 내용도 올렸습니다. 실제로 이런 포스팅을 통해 새로운 사람을 오프라인에서 직접 만나게 된 적도 있고요.

게다가 장래에는 영감을 주는 '공간을 운영하는' 글 쓰는 개엄마가 되고 싶어 그에 대해서도 조사차 탐방을 하고 후기를

올립니다.

- 텔레비전도 없고 와이파이도 터지지 않는 숙소
- 빈티지 감성이 물씬 뿜어져 나오는 공간
- 색감의 조화가 환상적인 카페

등에 대해서도 직접 꼭 방문해보고 글을 씁니다.

저의 생활과 관심사에 포스팅 주제를 맞추기 때문에 일부러 포스팅 거리를 찾지 않아도 자연스럽게 생기더라고요. 실은 여행 한 번 떠나면 일주일 치 포스팅 거리가 쌓여 의도치 않은 일복(?)이 터지기도 합니다. 게다가 오랜 시간을 투자하지도 않고 각을 잡고 앉아서 하는 것도 아니라서 부담도 없습니다. 누워서 스마트폰으로 30분도 채 되지 않는 시간을 투자해서 포스팅하죠. 그러면 안 되지만 부담으로 느껴질까 봐 맞춤법 검사기를 따로 돌리지도 않습니다. (본업을 할 때는 맞춤법 검사기를 돌리고 교정 교열도 하지만요)

그러니 너무 늦었다고 생각하지 마세요. 우리가 지금부터 블로그를 해서 억만장자가 될 것도 아니지 않습니까. 재미를 위해 부수입을 위해 한다고 생각해보세요. 누군가 이런 말을 했습니다.

나이가 들어 발레를 한다고 해서
프로 발레리나를 꿈꾸는 것은 아니지 않은가.

시작을 꼭 거창한 마음으로 해야 한다면 미루기만 할 뿐이
죠. 그리고 혹시 아나요? 즐거움에 한 발 한 발 내딛다 보면 동
호회에서 근사한 배역을 맡아 활동할 기회가 생길지도요. 저에
게 블로그는 그랬습니다. 당신에게도 그럴 거고요.

 조금 더!

블로그 포스팅은 '수다' 라는 점이 포인트입니다.
많은 분들이 웹에 글을 쓴다고 생각하면 부담을 갖더라고요.
그럴 필요 전혀 없습니다.
조금 더 편하게 포스팅을 하는 방법을 알려드릴게요.
저같은 경우는 출퇴근할 때 하고 싶은 이야기를 휴대전화의
녹음기능을 사용해서 기록하고, 그 후에 시간이 날 때 따로
텍스트로 옮겨서 올리곤 했습니다.
보통은 전날 재미있는 영화를 봤거나 인생작이라고 말하고
싶을 정도의 책을 읽었을 때 그렇게 한 편입니다. 친한 친구
에게 또는 지인에게 빨리 들려준다고 가정하고 했어요.

그러다 보니 포스팅이 부담스럽지 않았습니다. 게다가 자투리 시간도 사용할 수 있으니 너무 좋고요! 버스 배차 시간이 길어질 때 또는 갈아타는 곳이 멀 때 소곤소곤 이야기하듯 녹음하면 누군가와 통화하는 줄 알고 이상하게 안 보더라고요.

플러스 하나 더, 요즘에는 기종에 따라 스마트폰에 녹음한 내용을 텍스트로 자동변환 해주는 기능도 탑재되어 있습니다. 생각보다 정확도가 높습니다. 제가 영화 리뷰를 하기 위해 녹음해서 확인해봤는데요. 가까이에 대고 또박또박 이야기하면 80~90%는 제대로 인식하더라고요.

이런 기능을 활용하면 바로 녹음하고 수정해서 스마트폰으로 포스팅할 수도 있겠죠?

인스타는
핵인싸만 하는 게
아니야

———— "인스타 계정 있으세요?"

"네? 아뇨……."

"모델들은 요새 자기 인스타를 프로필로 써요. 이거 좀 보세요."

"아……, 그렇네요."

프리랜서 기자로 일할 때 만난 모델에이전시 실장님은 첫 만남에 제게 인스타그램을 하느냐고 물어보셨습니다. 당시 저는 잠깐 하다가 재미를 느끼지 못해 탈퇴한 상황이었는데 실장님이 보여준 모델들의 계정은 정말 놀라웠습니다. 피드를 쭉 내리니 그들이 어떤 착장을 했었고 어떤 쇼에 섰었는지 한눈에 들어오더군요. 마치 텍스트 없는 포트폴리오 같았습니다.

그 후 저도 인스타그램 계정을 새로 열었습니다. 하지만, 팔로워 수도 적고 교류도 없다 보니 그렇게까지 재미있다는 생각은 들지 않더군요. 저의 포스팅에 하트를 꼬박꼬박 눌러주는 이는 인터뷰를 했던 모델과 관계자뿐이었습니다. 그때만 해도 여전히 페이스북 이용자가 많았고 제 나잇대나 그 위 나잇대는 인스타그램을 잘 하지 않았거든요. 그래서 그냥 페이스북에 올렸던 사진과 내용을 거의 비슷하게 복사하여 붙여넣기 해보았는데요. 뭔가 톤앤매너가 맞지 않는다는 생각이 들었습니다.

'이거 인스타랑 안 어울리는 것 같은데?'

하지만 저는 인스타그램을 놓지 않고 계속했고, 저보다 훨씬 어린 모델들의 계정을 보며 분위기를 익혀갔습니다. 어느 순간 핫한 가게들을 팔로잉하며 그 말투를 따라하게 되었고요. 어느덧 저는 페이스북보다 인스타그램에서 노는 게 편한 사람이 되었습니다. 그 공식을 자연스럽게 알게 된 덕분에요.

지금도 인스타 유저 중에 저는 나잇대가 있는 편에 속할 겁니다. 실은 피드 사진만 봐도 알 수 있다고 해요. 하지만 그게 전부는 아니라는 걸, 꼭 핫한 인싸들만 사용하는 게 아니라는 걸 알기 때문에 저는 여전히 제 방식대로 재밌게 이 세계에 머물고 있습니다.

혹시 인스타그램 하기를 망설이고 계시나요?

📌 트렌드를 읽고 싶다면
📌 전문성 있는 모습을 보여주고 싶다면
📌 부수입을 올리고 싶다면

무조건 인스타그램을 하시기를 권합니다.

그 이유는 젊은이들이 가장 많이 모이는 놀이터이기 때문이죠. 유튜브도 그렇습니다만 메인으로 하기에는 시간 투자가 좀 더 필요할 수 있습니다. 그러니 사진 한 장 카피 한 장으로 흘러가는 인스타그램 세계에 꼭 발 디딜 것을 추천합니다.

사실 저도 MZ 세대의 계정을 보면 주눅 들 때가 많습니다. 유료어플을 사용하거나 사진이 정말 잘 나오는 스마트폰 혹은 고성능 카메라를 사용하니 일단 색감부터 다르거든요. 게다가 한 화면에 딱 들어오는 피드 9개의 콘셉트를 귀신같이 맞춰 기획하고 올리는 정성은 놀랍기도 하고 부럽기도 하고요. 하지만 인스타그램 유저가 매우 많아진 요즘은 꼭 힙하고 트렌디한 계정만 인기가 있는 건 아닙니다. 그런 콘셉트가 많아지면서 오히려 자연스럽거나 촌스럽거나 자신만의 색이 묻어난 계정이 더 사랑을 받기도 해요.

저 역시도 인스타그램의 톤앤매너에 어느 정도는 맞춰 사진을 찍고 선택합니다. 하지만 어플은 사용하지 않아요. 또한, 9개 피드에 골고루 저의 정체성을 담으려고는 하지만 꼭 그렇게만 하지는 않습니다. 게다가 단문과 센스 위주의 인스타그램 세계에서 저는 #동구책방으로 책을 읽고 리뷰를 남기는 호흡이 긴 포스팅을 하기도 합니다. 그랬더니 어느덧 3,000명이 넘는 분들이 팔로잉을 해주시고 평균 100명 이상의 팔로워 분들이 하트를 남겨주시고 평균 4~5명에서 7~8명은 댓글로 소통을 해주십니다. 그러니 여러분도 힙한 계정에 주눅 들지 마시고 화려한 피드에 속지 마세요. 그게 전부가 아니랍니다.

그렇다면 시작하기 전에 알아두면 좋을 게 뭐가 있을까요?
저는 블로그에서는 관심사와 연관 있는 콘텐츠를 러프하게 올립니다. 하지만 인스타그램에서는 직업과 관련된 내용에 초점을 맞추려고 하고 있어요. 독립서점이나 동네 책방과 협업해서 진행하는 수업이 있다 보니 해당 계정 포스팅을 리그램하기도 하고요. 또, 강의하거나 신작 출간을 하면 적극적으로 피드에 올리고 관련 이벤트를 하기도 합니다. 저의 전문성을 좀 더 잘 드러내기 위해 이용한다고 보면 될 것 같습니다.

전문분야가 있다면 그걸 좀 어필해보는 것도 아주 좋습니다. 관련 지식을 전달하는 게 아니라 그러한 활동을 하는 모습을 지속해서 노출하면서 자연스럽게 OO을 하는 사람으로 인식될 수 있게 만드는 것이지요.
예를 들어, 아이에게 항상 책을 골라주고 읽어주는 엄마라면, 청소년 책 좀 아는 학부모라는 콘셉트를 잡는 겁니다. 어떤 책을 읽어줬는지 어디서 그런 책을 골랐는지에 대한 포스팅을 올리는 거예요. 그러다 보면 자연스럽게 '아이들 책' 하면 떠오르는 계정이 될 거고 큐레이션이나 지도에 관한 강의나 저서를 집필할 기회가 생길 수도 있고요.

하나 더 들어볼까요?

누구보다 미니멀하게 집을 꾸미는 1인 가구라면,

미니멀 인테리어를 실천하는 요즘 사람이라는 콘셉트로 어떻게 집을 비웠는지에 대한 포스팅을 올려보는 겁니다. 그러다 보면 어느새 '미니멀 인테리어' 하면 생각나는 계정이 될 거고 그에 관련된 기고나 모임을 해볼 기회도 생길 수 있습니다.

생각난 김에 하나만 더 예시를 들어보겠습니다.

캠핑에 대해 정말 진심인 반려견주라면,

애견동반 캠핑이라는 콘셉트로 어디에서 캠핑하는지 무엇을 하는지에 대해 피드를 구성해보는 것도 좋습니다. 그러다 보면 어느 순간 '반려견과 함께하는 캠핑' 하면 생각나는 사람이 될 거고 반려견 캠핑용품 업체나 캠핑장의 협찬을 받는 기회가 생길 수도 있습니다.

이렇듯 내가 가지고 있는 전문분야의 모습을 자연스럽게 지속해서 인스타그램을 통해 흘려 보여주면 어느덧 같은 관심을 가진 분들과 소통도 할 수 있고 부수입으로 이어지는 기회가 찾아올 수 있습니다.

그게 가능하냐고요? 제가 그렇게 하고 있습니다. 믿고 한번 해보세요. 단, 꾸준히요!

 참고하면 좋은 인스타그램

(자료는 2023년 3월 현재 기준)

● 일반계정

동물을 사랑하는 번역가 @translator_yoom2 팔로워 483
https://www.instagram.com/translator_yoom2

 반려견 일상과 일하는 모습을 보여주고 있어
친근하면서도 전문적인 영역을 볼 수 있도록
포스팅한다는 게 특징

책리뷰를 올리는 이지은 @u.hey_0430 팔로워 2,604
https://www.instagram.com/u.hey_0430

 단지 책에 관한 감상만 올리는 게 아니라
책과 어울리는 소품을 활용해
피드를 구성한다는 게 특징

● 일반계정 겸 업장 홍보 계정

반려견 일상과 함께 애견유치원을 홍보하는 @jjokko_bboddo 팔로워 216

https://www.instagram.com/jjokko_bboddo

 푸들 쪼꼬와 뽀또를 키우며
애견유치원을 운영하고 있어
관심사와 일을 연결한다는 게 특징

춘봉이네 @subong_chunbong_ 팔로워 1,601

https://www.instagram.com/subong_chunbong_

 비숑 춘봉이를 키우는 견주로
카페 오픈 전부터 일상 관련 포스팅을
많이 해왔다는 게 특징

● 업장 계정

큐레이션 동네 책방 지금의 서점 @the_present_world 팔로워 6,365

https://www.instagram.com/the_present_world

 버건디를 활용해 전체적으로 통일성 있는
피드를 만들고 있다는 게 특징

출판사 드렁큰 에디터 @editor_drunken 팔로워 4,455

https://www.instagram.com/editor_drunken

 계정 주소에서부터 알 수 있듯이
술 좋아하는 에디터가 운영하는 출판사

유튜브 구독자
천 명 안 되어도
돈 벌 수 있어

——————　제가 유튜브를 인지했던 건 2012년 경이었습니다. 당시 저는 직장인이었고 뮤직비디오를 자주 보는 편이었는데 유튜브에서 무제한 반복 재생을 할 수 있어 즐겨 사용했습니다. 그것 말고도 유명 OST를 영상과 함께 확인하기에도 편리했죠. 그러다가 나도 한 번 채널을 운영해보고 싶다는 마음이 든 건 2018년 경이었습니다. 당시 한국은 유튜브 열풍이 대단했습니다. 학생들은 장래희망으로 변호사나 교사 등의 전문직이 아닌 유튜버(크리에이터)를 적어내기 시작했고요. 매스컴에서도 고소득을 올릴 수 있는 새로운 직업의 등장이라며 집중적으로 취재하고 관련 내용을 앞다투어 다뤘습니다. 이 열풍에 뛰어들어 한 몫 챙기자는 생각으로 시작한 건 아니었습니다. 그저 나를 알리고 표현하는 목적으로 도전해보기로 한 것이었습니다.

　하지만 혼자서 시작하려니 너무 막연하더군요. 요즘 세대는 태어날 때부터 종이 대신 스크린을 보고 자란다고 해요. 따로 배우지 않아도 영상 문법을 잘 이해하고 활용한다고요. 저는 그런 세대도 아닌 데다, 또래보다도 더 옛날 취향을 가지고 있어서 촬영이나 편집은 너무나도 생소하고 불가능한 미션처럼 보였지요. 그래서 무료로 알려준다는 한 공공기관을 찾았습니다. 유튜브 채널 콘셉트 찾기와 프리미어로 편집하기 등을 배웠지만 어렵기만 했습니다. 끝내 프리미어 프로는 제대로 익히지도 못하고 그만두었지요. 하지만 당시 수업을 들으며 과제는 제대로 이수한 덕분에 채널 개설과 시범 영상은 올려둔 상태였습니다. 그리고 그 후 채널명을 두 번 변경하며 지금의 채널이 탄생하게 되었습니다.

제가 유튜브를 제대로 해야겠다고 마음먹고 본격적으로 올리기 시작한 건 정확하게 2020년 12월 경이었습니다. 아시겠지만 코로나19로 인해 바깥 활동이 자유롭지 않은 시기였어요. 프리랜서로 일을 하는 제게는 무척 괴로운 날들이었습니다. 강연과 강의 등이 잇따라 취소되면서 소득의 90%가 감소하였습니다. 언제 끝날지 모르는 팬데믹 속에서 저는 심한 우울과 불안에 시달려야 했습니다.

'이러지 말고 온라인 활동을 늘려야겠어.'

같은 행동을 반복하며 다른 결과를 바라는 건 바보 같은 짓이라는 말도 있듯이 행동을 바꿔 다른 결과를 만들어보기로 한 겁니다. 그렇게 버려두었던 채널의 이름을 바꾸고 콘셉트부터

재정비했습니다. 그 전에는 책을 소개하는 이른바 '북튜브'였는데요. 저처럼 혼자 일하는 사람들에 관해 이야기를 하는 채널로 변경하고 인터뷰를 하는 '혼터뷰' 코너도 새롭게 개설했습니다. 그리고 주변에 알리기 시작했어요.

"저 이번에 유튜브를 다시 시작하려는데 인터뷰해주실 수 있으실까요?"

그렇게 저의 자그마한 역사가 시작되었습니다. 50명도 채 안되던 채널이 2023년 3월 기준 1,677명의 구독자를 보유하게 되었습니다. 사실 큰 성과를 거뒀다고 말하기는 어렵습니다. 채널 개설 두 달 만에 만 명의 구독자를 돌파했다는 유튜버들도 많은걸요. 하지만 저는 올바른 방향으로 가고 있고 무엇보다 천 명의 구독자를 모으기도 전에 이미 수익화에 성공했습니다. 과정은 어렵고 힘들었지만 배운 것도 얻은 것도 많습니다.

원래도 제작비를 많이 들이지 않고 운영했습니다. 10만 원씩 나오던 배당금을 투자해 마이크와 조명 등의 장비를 조금씩 사 모았습니다. 촬영 전문 스튜디오를 대관하고 인터뷰이에게 사례비를 지급했습니다. 천 명이 넘은 지금은 어느 정도 시스템이 갖춰졌고 전보다 훨씬 적은 돈으로 운영할 수 있게 되었고 협찬도 받게 되었습니다. 때로는 부수입도 발생하고요.

2년이라는 시간 동안 저는 참 많은 시행착오를 거쳐야 했습니다. 저처럼 고생하지 마시라고 당부하고 싶은 내용도 많습니다. 그래도 저는 유튜브를 하길 잘했다고 생각합니다. 그리고 그게 제 커리어에 큰 영향을 미쳤고요. 저는 유명한 사람은 아니지만, 채널 덕분에 영상 잘 봤다고 말해주시는 분도 계시고, 유튜브 때문에 알고 있어 계약 결정을 하기 쉬웠다고 하는 분도 계십니다. 고작 이제 막 천 명이 넘었을 뿐인데도요.

저의 목표는 지금의 채널을 꾸준히 운영하며 두 번째 채널을 개설하는 것입니다. 저는 십만 명 또는 백만 명의 대형 유튜버를 꿈꾸지 않습니다. 그렇게까지 알려지는 걸 원치도 않고요. 그냥 제가 남들과 공유하고 싶은 내용을 자유롭게 만들어 올리고 싶고, 여기에 이런 사람이 있다는 걸 제가 일하는 업계 사람들 정도만 알아주었으면 좋겠습니다. 다만 적더라도 광고 수익은 거두고 싶습니다. 그렇기에 꼼수를 쓰거나 큰 투자를 할 생각은 없습니다.

- 📌 유튜브는 참 어렵습니다.
- 📌 기획도 좋아야 하고
- 📌 영상도 잘 찍어야 하고
- 📌 썸네일도 잘 만들어야 하고
- 📌 제목이나 유입키워드도 잘 정해야 합니다.

다른 SNS가 신경 써야 할 게 1~2가지라면 유튜브는 적어도 4~5가지는 됩니다. 우리는 프로가 아니기에 너무 많은 시간을 투자할 필요는 없습니다. 저 역시도 스마트폰으로 촬영하고 앱으로 편집해서 바로 올립니다. 자막을 달지 않으면 제작 시간은 더 줄어듭니다. 초창기에는 정말 말 그대로 '찍어서 업로드'만 하는 수준이었는데요.

- 📌 **촬영하는 데 20분**
- 📌 **간단하게 편집하는 데 20분**

한 시간도 안 들였습니다. 물론 퀄리티는 그리 좋지 않았지만 작게 시작했기에 부담도 덜해서 꾸준히 할 수 있었고, 지금은

- 📌 **기획하고 대본 쓰는 데 20분**
- 📌 **촬영하는 데 30분**
- 📌 **편집하는 데 1시간**
- 📌 **썸네일 만들고 업로드하는 데 10분**

총 두 시간 정도를 씁니다. 다만, 1주일에 한 번 정도만 업로드하니 그리 부담이 되지는 않아요. 전 과정을 조금씩 나눠서 한다고 하면 하루에 20~30분 정도 되겠죠?

자, 여러분도 충분히 투자할 만하다고 봅니다. 얻어지는 결과를 생각해본다면요.

(자료는 2023년 3월 현재 기준)

● 유튜브 채널 운영에 도움 되는 채널

 유튜브랩 2.0 Youtubelab ver 2.0 구독자 13.7만명
https://www.youtube.com/@youtubelab2.0

 유튜브 훈련소 구독자 4.47만명
https://www.youtube.com/@ytc

● 유튜브 운영 시 참고하면 좋은 채널

김알파카 썩은 인생 구독자 10.9만명
https://www.youtube.com/@kim_alpaca

 고민이나 인생에 대해 상담해주는 채널
초창기 때부터 지켜봐온 채널로, 원래는 프랑스
자수 공방을 운영하며 관련 채널을 운영하다가
새로운 콘셉트를 가지고 세컨 채널을 운영하게 됨

푸우형 구독자 8.46만명

https://www.youtube.com/@pooh_bro

 비숑을 키우는 견주로서 다양한 반려 팁들을 소개하는 채널
훈련사가 아닌 일반 견주가 솔직하고 담백한 팁들을 알려주는 콘셉트가 좋음

김고흐 구독자 3.59만명

https://www.youtube.com/@kimgogh_

 순수미술에 관해 이야기하는 채널
대중적이지 않은 순수예술에 대해
깊이 있는 콘텐츠를 만드는 게 특징임

북마녀 구독자 1.61만명

https://www.youtube.com/@Bookwitch_editorqr

 웹소설 트렌드에 대해 현직 편집자가 짚어주는 채널
세분된 주제를 가지고 전문적인 콘텐츠를 만드는 게 특징임

전병준의 OurRecords 아워레코즈 구독자 1.37만명

https://www.youtube.com/@ourrecords_Musical

 현직 뮤지컬 배우가 알려주는 뮤지컬 채널
쉽게 접하기 어려운 뮤지컬 공연계에 관한 이야기를 들을 수 있다는 게 특징임

PART 2

블로그

블로그는
어떻게 구성되어
있을까?

———— 블로그는 사전적 정의에 따르면 '자신의 관심사에 따라 자유롭게 칼럼, 일기, 취재 기사 등을 올리는 웹 사이트'로 웹(web)과 로그(log)의 줄임말이라고 하네요. 보통 대형 포털사이트에서 이러한 서비스를 제공하고 있고 우리나라에서는 네이버의 블로그 서비스가 가장 많이 사용되고 있습니다.

블로그의 기본틀은 정해져 있고 구성 자체는 심플하지만 취향에 따라 이미지를 업로드해 사용하거나 여러 요소를 선택하여 꾸밀 수 있습니다. 그래서 구경을 하다 보면 운영하는 사람의 취향이 반영되어 있다는 인상을 받을 수도 있죠.

어떻게 꾸며야 한다는 공식이나 기준은 없습니다. 내 성향에 맞게 운영하면 됩니다.

블로그는 어떤 섹션과 기능으로 구성되어 있고 어떻게 꾸밀 수 있는지 한 번 알아보도록 하겠습니다.

먼저, 블로그 메인 화면 [글쓰기] 메뉴의 오른쪽 옆 [관리] 메뉴로 들어가면 상단 두 번째 라인에 [꾸미기 설정]이 있습니다. 여기서 왼쪽의 [디자인 설정] 메뉴로 들어가서 [레이아웃·위젯 설정]을 클릭하면 여러 가지 레이아웃을 선택할 수 있는 창이 뜹니다. '레이아웃'은 크게 1단형, 2단형, 3단형이 있습니다.

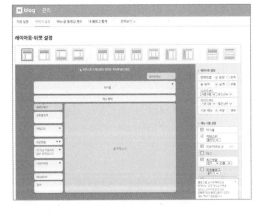

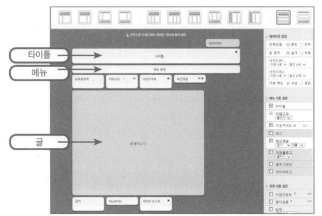

▲ 1단형

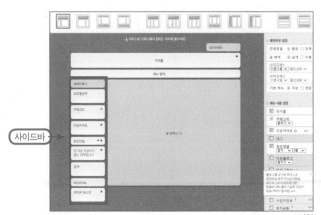

▲ 2단형

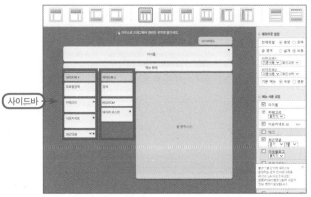

▲ 3단형

1단형은 타이틀 - 메뉴 - 글 영역으로, 2단형은 왼쪽에 사이드바가 있고, 3단형은 사이드바가 하나 더 추가되어 있습니다. 이 중에서 2단형이 가장 많이 쓰입니다.

심플하게 사용하고 싶다면 1단형이나 2단형이 가장 무난하고 3단형의 경우에는 어수선하게 보일 수 있는 데다가 또 초보라면 복잡할 수 있어 추천하지는 않습니다.

참고로, 제 블로그는 2단 레이아웃에 맞춤 타이틀을 그리고 기본 스킨에 맞춤 프로필 이미지를 사용하고 있고 자주 업데이트하는 편은 아닙니다.

다음으로는 스킨을 눈여겨 봐주세요. [관리] 메뉴로 들어가서 [꾸미기 설정] - [스킨] - [스킨 선택] 순서대로 클릭하면 어떤 스킨을 사용할지 선택할 수 있는데요. 접속할 때 가장 먼저 눈에 들어오는 부분이기도 해서 잘 생각하여 꾸며보세요.

마지막으로 타이틀을 이용해볼게요. 스킨 꾸밀 때처럼 [관리] 메뉴로 들어가서 [꾸미기 설정] - [디자인 설정] - [타이틀 꾸미기] 순서대로 클릭하면 됩니다.

저는 블로그를 잘 꾸미지 않는 편인데 타이틀 만큼은 종종 건드려 준답니다. 제 블로그를 표현하는 카피라고 생각하는 편이거든요. 그러니 기본 설정으로 내버려두지 마시고 꼭 맞춤 사용해보세요. 글씨체 - 글자크기 - 글자색 모두 원하는 대로 지정 가능합니다. 또한, 제공되는 그림을 타이틀 부분에 바탕화면처럼 삽입도 가능하고요.

글 쓰는 개엄마 ★

프롤로그 | 블로그

지도 | 서재 | 메모 | 안부

통덕이네
dogwalker123

프리랜서기자 겸 작가-
장편소설 장남배 집을 샀
어
써서 '언젠간 혼자 일하
게 된다', 적정 그만투자 잘
고 작가되기; 뭉훈취
희, 반려견과 산책하는 소
소한 행복읽기 외 다수
강의 및 작업제안 spring808
@naver.com

- 최신 글

[공유] [다라인 100일 …
기다 | 3 개

[리뷰] 책 "여강의 호시…
#통닥사로부터해안해공받았습니다
[우리의 호시절을 라케에] 도심 속
서울에 살아많 친할이야기지는 군통
통 난방을 하시고 아무이해 법플…
기다 | 3 개

[리뷰] 책 "안센디아러스" | …
#책만재공함었습니다 신념을 틀는다
는건 천부를 읽는 일| 교사에서 사별
이 각고 생지자예계 문을이 같고 봐
…
기다 | 2 개

[리뷰] 한옥스테이 겸 적캠…
[때
오랜만에 리뷰를 쓰네요. 그간 미칠
만 천히일히 함께 시간을 대지 못했습니
다 ㅠㅠ 함돌아려 착각에 즐거이다 들
온…

[작법] 웹소설/드라마 재범…
기다 | 4 개

 조금 더!

블로그 시작할 때 참고하면 좋은 채널

엄마, 내가 알려줄게

(https://www.youtube.com/@mamapop)

 〈블로그 시작하기. 네이버 블로그 만들고 꾸미는 법〉 영상 참고!

최재봉의 마케팅톡톡

(https://www.youtube.com/@marketingtalk)

 〈네이버 블로그 만들기 | 왕초보도 5분이면 OK | 블로그 꾸미기 팁〉 영상 참고!

전문적인 주제가
아니어도 괜찮아

───────── 저도 알고 있습니다. 여러분이 왜 블로그 하기를
망설이는지를요. 뭔가 전문분야가 있어야만 할 수 있다고 생각
하시는데요. 그렇지 않습니다.

앞서 소개했듯이 네이버 블로그에는 주제별로 카테고리가
나뉘어 있고 개중에는 전문적인 분야도 있지만, 일상이나 생활
과 같이 주변에서 흔히 볼 수 있을 법한 이야기를 하는 코너도
있습니다.

검색하다 보면 재테크 특히 주식이나 부동산과 관련해서 거
의 전문가급의 식견을 자랑하는 포스팅을 볼 때가 종종 있습니
다. 이웃 추가를 해놓지는 않았지만 저도 가끔 찾아들어가 보
기는 합니다. 하지만 제가 그 블로그만 보는 것은 아닙니다. 오
히려 저는 평범한 이웃의 이야기에 관심이 많습니다.

동네에 새로 생긴 신상 카페라든지 경기도에 유명한 애견 글
램핑장 등을 다녀오신 분들의 리뷰나 후기를 살펴보고 또 재택
근무를 하는 분의 일상을 찾아보기도 합니다. 또, 저와 비슷한
관심사나 취미가 있고 자주 포스팅을 하는 분이라면 이웃 추가
를 해놓고 열심히 챙겨봅니다. 가끔 하트를 누르거나 댓글을
달기도 하고요. 그러니 전문적인 이야기를 해야 할 것 같은 부
담감이 있다면 내려놓아도 좋다고 말씀드립니다.

저는 2012년경부터 블로그를 시작했습니다. (그 전에는 취업 준비를 하면서 힘들었던 내용을 비공개로 썼으니 이건 제외하도록 할게요) 친한 친구와 당시 영화를 볼 기회가 많았는데 관람 후 본 내용을 가지고 한참을 떠들었습니다. 저나 제 친구는 둘 다 영화광에 가까울 정도로 아는 내용이 상당한 편이었고 이걸 올려도 되지 않을까 싶어 조심스레 물어봤죠.

"혹시 우리가 나누는 이야기를 녹취했다가 블로그에 올려도 될까?"

친구는 흔쾌히 허락해주었습니다. 단, 자신의 실명이 아닌 별명으로 올려줄 것을 조건으로요. 그렇게 우리가 함께 본 많은 영화에 대한 이야기들을 제 블로그에 '봄과 코' 라는 닉네임을 달아 대화형식으로 올렸습니다. 거기에 혼자서 본 영화 리뷰도 올리기 시작했습니다. 정말 의욕적이었어요.

하지만 저의 블로그는 결국 휴지기에 접어들었습니다. 영화를 좋아해서 관련 회사에서 인턴을 하기도 했던 저로서는 준전문가로 보이고 싶은 기대도 조금 있었습니다. 포스팅을 할 때마다 관련 내용의 사실관계를 정확하게 하려고 친구에게 한 번 더 확인해주길 부탁했고 포털사이트를 검색하여 수정했습니다. 그러다 보니 글을 올리는 게 점점 부담스러워졌고 지속하기 힘들어졌지요. 이처럼 뭔가 특별한 노하우나 식견을 보여주자는 의도로 시작한 포스팅은 힘도 많이 들어가고 결과에 신경을 많이 쓰게 됩니다.

블로그는 적어도 텍스트 1,000자 이상 이미지는 10장 이상은 되어야 최소한의 상위노출 조건이 갖춰집니다. 이는 제가 블로그 체험단을 하며 담당자분에게 주문받은 내용이기도 합니다. 그러니 처음부터 너무 어려운 주제로 시작하면 상대적으로 텍스트의 길이가 긴 블로그의 특성상 시간과 품이 많이 들어갈 수밖에 없습니다. 나중에는 그렇게 해도 되는데요. 시작은 가볍게 해야 오래할 수 있습니다.

한 번의 실패 이후 저는 블로그를 내버려두었습니다. 그러다가 2015년 프리랜서로 독립함과 동시에 다시 한 번 해보자는 생각이 들더군요. 이전과는 다르게 생활밀착형 내용을 다뤄보기로 했습니다.

당시 저는 결혼준비를 하고 있었어요. 대부분 셀프로 진행했기에 웨딩슈즈 구매 후기나 저렴한 혼수 구매 등에 대해 소소하게 포스팅을 하기 시작했습니다. 결과는 어땠냐고요?

성공이었습니다!

이전과는 다르게 많은 분이 관심을 보여주셨고 제 글이 상위노출되더라고요. 그러면서 블로그 하는 재미를 크게 느끼기 시작했습니다. 그렇게 2년쯤 지났을 때 관련 대외활동도 하게 되었는데요. 스몰웨딩과 셀프웨딩과 관련한 콘텐츠를 만들고 이를 제 블로그에 게시하는 것이었죠. 포스팅 하나당 7만 원이라는 원고료를 받았습니다. 총 3편을 발행했으니 21만 원이라는 부수입을 거뒀네요. 다시 한 번 말씀드리지만, 전문적인 식견을 뽐내는 글이 아니라 스몰웨딩과 관련된 일반인의 이야기였습니다.

📌 네이버 블로그 주제 분류

엔터테인먼트·예술 : 문학·책 / 영화 / 미술·디자인 / 공연·전시 / 음악 / 드라마 / 스타·연예인 / 만화·애니 / 방송

생활·노하우·쇼핑 : 일상·생각 / 육아·결혼 / 반려동물 / 좋은글·이미지 / 패션·미용 / 인테리어·DIY / 요리·레시피 / 상품리뷰 / 원예·재배

취미·여가·여행 : 게임 / 스포츠 / 사진 / 자동차 / 취미 / 국내여행 / 세계여행 / 맛집

지식·동향 : IT·컴퓨터 / 사회·정치 / 건강·의학 / 비즈니스·경제 / 어학·외국어 / 교육·학문

만약 아예 영영 블로그를 그만뒀다면 어땠을까를 상상해보기도 하는데요. 생각만으로 아찔합니다. 그랬다면 'SNS로 월 100만 원 벌기'는 불가능했을 테니까요.

여러분도 더는 망설이지 마시고 산뜻하게 가볍게 시작해보면 어떨까요? 일상 속에서 내가 많은 시간을 보내는 것들을 친구에게 지인에게 들려준다 생각하고 써보세요. 오래하는 데 분명히 도움이 될 겁니다.

조금 더!

추천하고 싶은 글감

- 반려견을 키우고 있다면 관련 정보 및 제품 리뷰를 해보자!

반려견을 키우는 견주라면 여행이나 캠핑을 갈 때가 있죠. 이럴 때 사진과 텍스트로 추억도 기록하면서 사용했던 아이템이나 방문했던 장소를 포스팅해보면 어떨까요? 저는 '애견 전용 캠핑장'을 일 년에 서너 번 가는 편인데요, 이때 작성한 포스팅이 생각보다 사랑을 많이 받아서 해당 장소로 검색하면 저의 블로그가 상위노출되더라고요.

- 핫한 주제와 엮어서 책리뷰를 써 보자!

요즘 가장 핫한 주제 중 하나인 챗GPT 아시죠? 많은 분이 궁금해하는 내용이기도 한데요. 아직 구체적인 사례나 경험이 많지는 않습니다. 이럴 때 관련 책을 먼저 읽고 리뷰해보시면 어떨까요? 이미 많은 분에게 사랑받는 콘텐츠가 될 수 있을 겁니다.

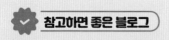 **참고하면 좋은 블로그**

(자료는 2023년 3월 현재 기준)

이나는나이스 이웃 1.8만명

 방송 프로그램을 보고 리뷰를 주로 올리는 분인데 얼마 전 절찬리에 종영된 '환승연애2' 포스팅을 맛깔나게 써서 많은 이들이 방문하고 있음.

https://blog.naver.com/haesamz

입짧은 솜이네 네이버 인플루언서

 비숑 솜이를 키우고 있는 견주분으로 반려견과 관련된 생활 정보를 꾸준히 올리고 있음.

https://blog.naver.com/dkswpffk6145

재위 블로그 이웃 522명

 MZ세대로 소비에 대한 기록을 주로 올림.

https://blog.naver.com/wodnl12

실전!

당신의 관심사는 무엇인가요?

그중에서 하나를 골라 예상 이야깃거리를 적어봅시다.

이제 실제로 포스팅해보세요.

0원 투자로
하루 30분이면
충분해

───────── 혹시 '린 스타트업'에 대해서 들어본 적 있으실까요? 이는 스타트업에서 자주 쓰는 방식으로 아이템을 떠올렸을 때 대충의 모양새로 일단 빠르게 실행해보고 개선점을 찾아 수정하며 완성해가는 방법입니다. 오래 생각하고 깊게 연구하고 많은 투자를 하기보다는 좋은 아이디어 있으면 시제품에 가까운 형태로 선을 보이는 것인데요. 저는 이것이야말로 무언가를 꾸준하게 하기에 좋은 방식이라고 생각합니다.

저에게는 이와 비슷한 '30분 법칙'이 있습니다. 뭐든 30분 이하로만 투자해 시작해보는 거예요. 시작은 산뜻하고 가볍게 하지만 이를 오래 해본 뒤 마치 양치질을 하는 습관처럼 몸에 배게 만드는 것이지요. 30분이라는 기준을 정한 데는 과학적인 근거는 없습니다만, 제가 생각했을 때 한 시간은 너무 길었어요. 그래서 저는 뭐든 시작할 때 일주일에 두세 번을 30분을 기준으로 합니다. 그러다가 몸에 잘 익는다 싶으면 조금씩 늘려나갑니다. 그래서 보통 시작한 건 잘 그만두지 않습니다. 작게 시작하니까요.

블로그를 하다 보면 예쁘게 잘 구성된 포스팅이 눈에 띌 때가 있습니다. 볼드체로 강조를 하는 걸 넘어서 화려한 템플릿

67

을 사용하고 다양한 이모티콘과 스티커를 활용해서 꾸몄더라고요. 한 번은 제 포스팅이 너무 밋밋해 보여서 네이버 블로그앱을 다운받아서 해당 템플릿을 찾아 선택해 적용하고 수정을하며 업로드한 적이 있습니다. 하지만 그렇게 하니 설정값을수정하고 또 변경해야 해서 너무 많은 시간이 들어가더라고요.보기에는 예쁘지만 제 블로그를 방문하는 분들이 원하는 방향은 아닐 거로 생각했습니다. 결국, 저는 그 후 다시는 템플릿을사용하지 않았어요. 지금도 마찬가지고요. 오래하기 위해서는역시 적당한 시간 투자가 더 중요하다고 생각합니다.

그렇다면 이웃 맺기나 답방은 어떻게 하는지 궁금하실 거예요. 제가 처음 블로그를 시작했을 때 제일 먼저 걱정했던 건 아무도 제 글을 보지 않는 것이었습니다. 신규 블로거의 글은 노출이 잘 안 되어 검색해도 맨 뒤 페이지에 나오고 이 때문에 조회수가 잘 나오지 않거든요. 그래서 많은 분들이 이웃 맺기에열을 올리고 또 내 글에 댓글을 달아준 모두에게 일일이 답방을 가서 친분을 쌓으려고 하십니다. 또 그걸 추천하는 분도 있고요.

하지만 저는 현재 이웃을 맺으려 애써 노력하지는 않습니다.

솔직히 답방도 잘 가지 않는 편입니다. 댓글을 남겨주시면 감사를 표하고 답글을 다는 것으로 대신합니다. 그 이유는 너무 많은 시간이 소모된다는 점 때문이에요. 게다가 단순히 방문자 수를 늘리기 위해 이웃신청을 하는 것 또한 의미가 없다고 생각하거든요. 포스팅을 업로드한 날이면 다양한 업체에서 복사 붙여넣기 한 것 같은 멘트로 연락이 옵니다. 설비업체부터 병원까지 다양한 분들이 이웃신청을 해오시는데요. 저의 관심사가 아닌 곳은 제대로 들여다보지 않습니다. 아마 다른 분들도 비슷할 겁니다. 초반에 나와 비슷한 관심사를 가진 블로거를 발견해 순수한 마음으로 이웃 추가하는 건 괜찮지만 단순히 숫자를 늘리기 위해 노동하듯 품과 시간을 들이는 것은 말리고 싶습니다. 그렇게 되면 어느 순간 블로그를 한다는 게 버거워질 테니까요.

또한, 저는 블로그 포스팅은 보통 침대에 누워서 합니다. 앱도 깔아놓지 않았어요. 그저 스마트폰으로 제 블로그에 접속해 터치 기능을 이용해 글을 씁니다. 노트북을 펼쳐놓고 바른 자세로도 해봤는데요. 그렇게 하려니 귀차니즘이 발동하더라고요. 언제든 휴대폰으로 바로 작성할 수 있다고 생각하면 포스팅을 미루지 않게 됩니다. 그러니 여행을 가서도 업로드할 수 있더라고요. 한 번은 놀러 갔는데 생각보다 많은 곳을 둘러보지 않아도 되어 시간이 많이 남아 숙소로 일찍 돌아왔습니다. 그런데 그렇게 보내는 시간이 무료하게 느껴져서 그날 다녀온 카페와 맛집을 바로 스마트폰으로 블로그에 올렸어요. 심심함이 덜해졌고, 따로 시간을 내지 않아서 좋았습니다.

저만의 철칙이 하나 더 있습니다. 바로 적은 돈을 투자하는 것입니다. 보통 뭔가를 한다고 하면 시쳇말로 '장비빨'을 세우려 하잖아요. 하지만 저는 돈을 쓰지 않고 웬만하면 기존 것을 사용합니다. 2015년, 스윙댄스 동호회에 가입했습니다. 재즈 노래에 맞춰서 리더와 팔로워가 호흡을 맞춰 춤을 추는 소셜댄스를 시작한 것인데요. 준비물은 스윙화였습니다. 보통은 몇 번 추다가 바닥에 가죽이나 천이 덧대어진 컨버스 형태의 신발을 사는데 저는 계속 운동화를 신었습니다. 그러다 입문 강습이 끝날 때쯤 밑창에 스웨이드 천을 덧댄 스윙화를 구매했습니다. 당시 가격으로 3만 원 정도 했던 것으로 기억해요. 그리고 한참을 신다가 밑창이 다 떨어졌을 때는 가죽을 사다가 셀프로 스윙화를 만들었습니다. 팔로워라면 예쁜 구두 하나 신고 뽐내고 싶을 만한데 제가 맞춤 구두를 산 것은 스윙댄스를 시작하고 2년 정도 지나서였습니다. 그것도 서울 염천교 수제구두 골목에서 3만 원이 조금 넘는 돈을 주고 제작한 것이었지요. 그때는 이미 동호회에서 입문반 강사를 해서 강사료를 받은 뒤였습니다.

많은 분들이 블로그 포스팅을 위해 좋은 성능의 노트북이나 디카 혹은 DSLR을 사는 걸 봤습니다. 하지만 얼마 지나지 않아 시들해져서 물품을 당근마켓이나 중고나라에 되파시더라고요. 사실 블로그 포스팅을 위해서는 그런 거창한 준비물은 필요 없습니다. 사용하고 있는 스마트폰이면 충분합니다. 만약 정말로 장비를 사고 싶다 또는 거창하게 해보고 싶다면 블로그로 수익이 천 원이라도 난 다음에 해도 늦지 않습니다.

블로그 포스팅, 언제 어디서 어떻게 할 예정인지 계획을 적어 봅시다.

하다 보면
상위노출
된다니까

———— 블로그에 관심이 있다면 한 번쯤은 '상위노출'이라는 말을 들어본 적이 있을 겁니다. 쉽게 말해 특정 키워드로 검색을 했을 때 첫 페이지 상단에 나오는 포스팅을 가리켜 '상위노출' 되었다고 합니다. 사람들은 대부분 뒷페이지에 나오는 글은 잘 보지 않습니다. 당장 입장을 바꿔서 생각해보면 쉽게 이해할 수 있어요.

예를 들어 서울 마포구 연남동에 새로 생긴 카페를 찾아가보기 위해 포털사이트에 '연남동 신상 카페'를 검색할 경우, 보통 1~2페이지 안의 글들만 훑어보게 됩니다. 시간이 없다면 맨 위의 글 한두 개만 확인해보고 말겠죠. 그러니 같은 검색어라도 '상위노출'이 되느냐 안 되느냐가 블로그 방문자수를 결정하는 데 절대적인 영향을 끼치게 되고 이게 잘 안 된다면 결국 사람들이 잘 방문하지 않는 블로그가 되고 맙니다.

특히 이 '상위노출'은 블로그 마케팅을 전문으로 하는 업체에서 가장 중요하게 생각하는 포인트 중 하나입니다. 보통 블로그 체험단이나 인플루언서를 모집하려고 할 때 '일 방문자수'와 '해당 키워드 상위노출' 등을 가지고 결정하니까요. 그만큼 상위노출은 흥하는 블로그와 그렇지 않은 블로그를 가르는 절대적인 기준이 됩니다.

그렇다면 '상위노출'이 되는 방법은 무엇이 있을까요? 이걸 알기 위해서는 거꾸로 블로그 체험단을 모집할 때 주는 가이드를 확인해보면 됩니다. (여기서는 네이버 블로그 로직을 기준으로 해볼게요)

업체 A

1. 사진을 정성껏 다양하게 찍어주세요
2. 동영상을 포함하여 사진은 최소 15장 이상 사용해주세요
3. 하단에 지도 위치 링크를 꼭 넣어주세요
4. 텍스트 1,000자 이상 서술해주세요
5. 리뷰 작성 시, 제목과 본문 내용에 지정된 키워드를 3회 이상 기재해주세요

업체 B

- 리뷰 제목에 정확한 업체명을 꼭 넣어주세요
- 리뷰 내용에 매장 위치와 연락처 소개 부탁드립니다
- 리뷰 내용에 짧게라도 움짤 or 동영상 첨부해주세요
- 리뷰 내용에 사진을 15장 이상 넣어주세요

업체 C

1. 제목을 [필수키워드] + [선택키워드 2개]와 업체명 구성으로 등록해주세요

2. 사진과 함께 매장전경, 인테리어, 제공내역 구성, 즐기는 모습, 오시는길 등을 필수로 소개해주세요

3. 선택한 필수키워드를 6회 이상 본문에 입력해주세요

4. 지정 + 자율 해시태그를 기재해주세요

5. 업체 정보를 기재해주세요

   - 지도 : 플레이스 등록 후 안내
   - 전화번호 : 플레이스 등록 후 안내

이제 이해가 되시나요? 해당 키워드로 검색했을 때 연관성이 높다고 판단되는 포스팅으로 분류가 되려면 사진은 최소 15장 이상 본문에 삽입해야 하며 동영상도 하나는 포함되어야 합니다. 또한, 본문은 적어도 1,000자 이상이어야 하고 글 하단에 해당 업체 지도를 넣어야 합니다. 마지막으로, 제공하는 키워드를 적어도 세 번 이상 많게는 여섯 번은 반복 언급해주면 됩니다. 이렇게 하면 해당 글이 상단에 노출될 확률이 커지겠죠? 무슨 마법의 주문 같기도 합니다만 그래서 평상시에 포스팅할 때도 이와 같은 원리를 기억해서 적용하시면 됩니다.

저 역시도 보통 블로그에 리뷰나 후기를 올릴 때는 1,000자

이상에 사진도 되도록 많이 넣으려고 합니다. 보통 10장 안팎 올리는 것 같아요. 또한, 해당 상호나 강조하고 싶은 키워드는 일부러 문장 앞에서 언급해줍니다. 그러다 보니 자연스럽게 제 블로그가 검색에 잘 노출되는 편이에요. 가끔 지인이 맛집 검색하다가 익숙한 모습에 놀라 제게 링크를 보내며 확인하기도 합니다.

"이거 네가 쓴 거 맞아?"

물론 블로그는 공개된 공간이라 얼굴은 되도록 안 나오게 찍으려고 하지만 뒷모습이나 옆모습 또는 멀리서 찍은 모습 정도는 공개하거든요. 그럴 때마다 잘 하고 있구나 하는 생각이 들어 오히려 기쁘기도 합니다.

하지만 이런 법칙을 칼같이 지키지는 않습니다. 그저 머릿속에 넣어놓고 그 기준에 맞을 때는 그렇게 하려고 하지만 그렇지 못할 때는 기준에 못 미치는 수의 사진과 분량으로 포스팅을 합니다. 또, 영상은 잘 안 찍는 편이에요. 그 이유는 블로그를 하는 게 너무 부담스럽게 느껴질까 봐서입니다.

예를 들어 가족끼리 여행을 가서 이것저것 챙겨야 할 게 너무 많아 사진을 많이 찍을 수 없을 수도 있잖아요? 그러면 그냥 몇 장 찍고 맙니다. 그 시간을 즐기는 게 최우선이니까요. 영상도 그렇습니다. 사진과 글에 신경 써야 하는 것도 큰일인데 세팅해놓고 동영상 촬영까지 하기에는 힘들 수 있거든요. 그래서 어떻게 해야 상위노출이 되는지 알지만 무조건 그 기준에 무리하게 끼워 맞추려고 하지는 않습니다. 그래도 괜찮아요. 글이 하나둘 쌓이면 어느 순간 상위노출되는 블로그가 되어 있을 거니까요.

저의 필살기 하나 공개해볼까요? 저 역시도 초반에는 글이 잘 노출되지 않아 애를 먹었습니다. 누군가 봐주길 바라는 마음에서 함께 나누고픈 마음에서 시작했기에 방문자수나 조회수가 너무 적은 것도 스트레스였거든요. 그럴 때 저는 신상 카페를 공략했습니다. 당시 직장인이었던 터라 주말마다 좋은 곳에 가서 커피 한잔 하는 것으로 스트레스를 풀었습니다. 덜 붐비면서도 핫한 카페를 찾았지만, 내가 보기에 좋은 곳은 남들이 봐도 좋은 게 당연하니 그런 곳이 흔치는 않았습니다.

그래서 저는 포털사이트에 새로 오픈한 가게를 검색해 분위기와 메뉴를 확인해보고 방문하기 시작했습니다. 특히 관련 리뷰가 거의 없는 곳을 택하려 했고요. 이런 식으로 해당 키워드를 선점하기 시작했습니다. 그랬더니 어느 순간 검색에도 잘 잡히고 방문자수도 확 늘더라고요.

군이 카페가 아니어도 괜찮습니다. 옷가게도 되고 놀이공원도 되고 뭐든 핫플레이스인데 상대적으로 리뷰가 적은 곳을 찾으면 됩니다. 그런데 일부러 포스팅을 위해 마음에 들지도 않고 거리도 먼데 찾아갈 필요는 없습니다. 그냥 내 활동반경 내에 접점이 있는 곳을 찾으면 됩니다. 그러면 여가도 즐기고 포스팅도 하고 상위노출에도 가까워지고 부수입을 얻을 수 있는 조건을 갖출 수 있겠죠?

사실 이러한 방법은 비단 네이버 블로그에만 통하는 게 아닙니다. 세부적인 조건은 다를 수 있지만, 다른 SNS에서도 쓸 수 있어요. 제가 인스타그램과 유튜브까지 한다고 하면 다들 놀라시는데 이러한 법칙은 거의 비슷하게 적용되는 편이라, 하나를 터득하면 다른 것들은 하기 쉬워집니다. 그러니 믿고 한 번 꾸준히 해보세요.

실전!

새로 생긴 핫플레이스나 소개하고 싶은 공간이 있나요?
없다면 검색해보고 가보고 싶은 곳을 추려 적어보세요.

PART 3

인스타그램

인스타그램은
어떻게 구성되어
있을까?

─────── 인스타그램의 화면은 무엇보다 간결하면서도 시
각적인 아름다움이 도드라지는 구성이 특징이라고 생각합니
다. 단순해 보이는데 어떻게 조합하느냐에 따라 개인마다 다른
페이지를 만들 수 있거든요.

이번에는 내 페이지 영역은 어떻게 구성되어 있고 어떻게 사
용하면 되는지를 소개해보겠습니다.

인스타그램에 접속하면 제일 먼저 만나는 화면을 통해 다른
사람들의 게시글을 바로 확인할 수 있고 하트 표시를 하거나 댓
글도 달 수 있습니다. 하지만 이 화면은 개인이 바꿀 수 없습니
다. 우선 내 프로필로 이동해 맞춤 설정을 해보도록 할게요.

내 인스타그램으로 이동하면 두 가지 섹션으로 화면이 분할
되어 있다는 느낌을 받으실 겁니다. 상단은 프로필, 하단은 피
드로 구성되어 있거든요. 이 두 가지 모두 굉장히 중요한데요.
이걸 통해서 어떤 사람인지 무슨 일을 하는지 어떤 관심사를
가졌는지를 파악할 수 있기 때문이에요. 보통 팔로잉을 할지
말지도 프로필 화면에 들어가서 전체적으로 훑어보고 결정하
는 경우가 많습니다.

프로필 사진 변경

프로필은 나의 소개를 쓸 수 있는 부분과 사진을 올릴 수 있는 부분으로 나뉘어 있습니다. 프로필 사진은 무조건 올리는 게 좋습니다. 그게 없으면 마치 유령 계정처럼 보인다고나 할까요?

꼭 내 사진을 올리라는 뜻은 아닙니다. 로고여도 괜찮고 풍경 사진도 괜찮습니다. 빈 화면으로 두지 마시고 나를 표현할 수 있는 이미지를 선택해서 업로드 해보세요.

[프로필 편집] - [사진 또는 아바타 수정] 클릭

프로필 소개 변경

다음으로는 프로필 내용을 작성해볼 건데요. 이 부분은 공란으로 내버려두는 분들도 많이 계십니다. 하지만 만약 비즈니스를 하려는 목적이거나 커리어를 알리고 싶다는 목표가 있다면 간단하게 직업이나 경력 혹은 약력 정도를 적어주는 게 좋습니다. 또한, 프로필 내용에는 링크를 달 수 있으므로 웹 사이트를 따로 가지고 있거나 유튜브 혹은 블로그 등 다른 SNS와 연동하고 싶다면 URL을 넣어주세요.

[프로필 편집] - [소개] 클릭

마지막으로, 게시물로 피드를 구성할 수 있는데요. 흔히 알려져 있듯 사진을 업로드하면 됩니다. 이때 인스타그램은 가로 세 장의 이미지 그리고 세로 세 장의 이미지 총 아홉 장의 이미지가 한 화면 안에 들어오기 때문에 통일성이나 콘셉트를 고려하여 업로드하는 걸 추천해드립니다.

9개의 게시물이 통일성이 있으면서 내가 추구하는 콘셉트를 담고 있으면 좋습니다.
(피드는 게시물을 한눈에 볼 수 있는 화면구성을 말합니다)

얼마 전부터는 스토리 기능이 추가되었는데 이는 따로 피드에 남지 않고 홈 화면 상단에 떴다가 24시간이 지나면 표시되지 않습니다. 그래서 통일성이나 콘셉트에 어긋나더라도 올리고 싶은 것들 또는 피드에 올리기에 적합하지 않지만 공유하고 싶은 것들을 올립니다. 이 스토리들은 보관은 되어 있으므로 이것들을 따로 모아서 프로필 화면 피드 상단에 노출할 수도 있습니다.

스토리 표시

릴스의 경우에는 사진이 아닌 15초짜리 짧은 영상을 올리는 것인데, 이건 피드의 두 번째 섹션에 따로 구성되어 노출됩니다. 음악을 추가할 수도 있고 태그를 하거나 멘트도 추가할 수 있어 꾸미는 재미가 있답니다. 하지만 초보에게는 조금 헷갈릴 수 있는 기능이기도 합니다.

프로필 상단 [+더하기 표시] 클릭 후 [릴스] 선택

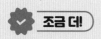 **조금 더!**

인스타그램 시작할 때 참고하면 좋은 채널

 마케팅닥터 (https://www.youtube.com/@ marketingdoctor)
〈인스타그램하는법 이미지, 동영상 게시물 올리는 방법〉 영상 참고!

 IB96 (https://www.youtube.com/@IB9696)
〈 [인스타그램 사용법 정리] Instagram 가입 부터 활용법 배우기〉 영상 참고!

사진은 중요하지만,
필터 없이 갤럭시로도
충분한 이유

——————— 인스타그램을 사용한 지 7년이 다 되어가고 그사이 적응도 많이 하고 나름 나아지기는 했지만, 여전히 다른 사람들의 피드를 보면서 기 죽을 때가 많습니다. SNS를 하기 이전부터 저는 사진찍기를 즐겨 하는 편이 아니었습니다. 특히나 제 얼굴이 나오는 건 더욱 꺼려 카메라를 요리조리 피해 다닐 정도였습니다.

넉분에 미국이나 캐나다 또 중국 등 해외여행도 많이 다녔지만 인생샷으로 남긴 사진은 손에 꼽을 정도입니다. 브로드웨이를 걸을 때도 로키산맥을 돌아볼 때도 저는 카메라를 잘 꺼내지 않았습니다. 그저 눈으로 보고 마음에 담아두려고 했죠. 그러니 제가 사진 구도나 색감 그리고 원근법 같은 걸 알 리가 없습니다.

그렇지만 인스타그램의 세계로 넘어온 뒤 저는 사진과 친해지기 시작했습니다. 지금은 마음에 드는 풍경이나 대상이 있으면 스마트폰을 꺼내서 찍고 업로드도 자주 합니다. 인스타를 하던 초창기에는 100장을 찍어도 그중 한두 장을 건질까 말까 할 정도였는데 요즘은 열 장 찍으면 한둘은 건지는 것 같습니다.

이렇게 될 수 있었던 건 그저 다른 사람의 피드를 많이 보고 다양한 계정을 팔로우하며 눈에 익혔던 덕분입니다. 그러다 보니 어떻게 하면 조금 더 예쁘게 사물을 담을 수 있는지 나만의 개성을 담을 수 있는지 자연스럽게 알게 되었습니다. 물론, 전문가 눈에는 아직도 많이 어색해 보이겠지만요. 그런 저에게도 피가 되고 살이 되는 전문가들의 조언이 있었습니다.

- 📌 하나, 한 장에 다 담으려고 하지 마라
- 📌 둘, 보여주고 싶은 부분만을 확대해서 찍어라
- 📌 셋, 사진 속에 아이덴티티를 담아라

그 전까지는 모든 걸 한 프레임에 안에 담으려 했어요. 멋진 모습을 다 욱여넣는 거죠.

예를 들어 영월 동강의 풍광이 마음에 들어 그걸 한 프레임 안에 담는다고 할 때 줌인이 아닌 줌아웃 기능을 쓰는 경우를 들 수 있겠네요. 그렇게 하면 제가 눈으로 봤던 것들을 빠짐없이 넣을 수는 있겠지만 포인트는 없는 흔한 사진이 됩니다.

그 광경 중에 나를 사로잡았던 것에 집중해서 담으려고 하는 게 중요하다는 거죠. 게다가 인스타그램 프로필 피드에서 확인할 수 있는 이미지의 크기는 작습니다. 다 담으려고 하다가는 무엇 하나도 담을 수 없는 꼴이 될 수 있습니다.

before

after

그래서 그 법칙을 알고 난 뒤에는 아름다운 모습을 사진 하나에 담으려 하지 않고 나눠서 찍고 여러 장으로 올립니다. 그랬더니 저를 홀렸던 경치나 대상이 잘 포착되어서 전달되는 것 같더라고요.

보여주고 싶은 대상을 정했다면 그다음으로는, 거기서도 포인트가 되는 부분을 다시 찾는 겁니다. 예를 들어 책표지가 예뻐 인스타그램에 올리고 싶다면 그중에서도 어떤 점이 눈길을 사로잡았는지 다시 한 번 확인해봅니다. 라인이 멋스러워서 마음에 드는 건지 색감이 눈에 들어온 건지 그게 아니라면 질감이 좋은 건지 확인한 후에 그중 하나를 중점적으로 줌인해서 담아요. 그래서일까요? 인스타그램에는 유독 전체를 확인할 수 없는 이미지가 많기는 합니다. 하지만 이건 어떤 아이덴티티를 보여주고 싶다고 할지라도 공통으로 따라갈 수밖에 없는 것 같습니다. 우리가 볼 수 있는 창 자체가 작으니까요.

그렇다면 모두의 피드가 다 똑같아질 수밖에 없는 걸까요? 아닙니다. 세 번째가 핵심이라고 볼 수 있는 것 같아요. 우리가 인스타그램을 통해 보여주고 싶은 세계나 나누고 싶은 가치는 모두 다릅니다. 저는 글도 쓰지만, 반려견과의 일상도 잘 꾸려나가는 30대 후반이라는 정체성을 드러내고 싶습니다. 그래서 이미지를 선택할 때도 거기에 초점을 맞춰서 관련이 있는 내용을 담으려고 하는 편입니다.

우선, 글과 관련된 것들을 담는데요. 책이 될 수도 있고 책방이 될 수도 있고 글을 쓰는 모습이 될 수도 있겠네요. 좀 더 범위를 넓힌다면 글쓰기에 영감을 주는 숙소도 될 수 있고 사람이 될 수도 있고요. 다음으로 반려견과 관련된 것은 첫째 동구와 둘째 덕구에게 입히는 옷, 함께 놀러 가는 애견운동장이 될수 있어요. 가끔은 원래 아이덴티티와는 상관 없지만 제가 정말 사심을 담아 좋아하는 것들을 올리기도 합니다. 그 정도는크게 방향성을 해치는 것 같지는 않고 또 그래야 재미있게 할수 있으니까요.

여기에 촌스러우면서도 솔직하고 감성적인 느낌을 내려는태도를 잊지 않습니다. 그래서 제 사진들은 인스타그램의 피드가 가지고 있는 공통점을 따라가되, 나만의 색을 담아서 단점을 보완하고 개성을 더하려고 합니다. 말로 설명하니까 좀 알쏭달쏭하게 느껴지는데요.

쉽게 말하면 이렇습니다. 제가 좋아하는 할머니 담요나 자개장과 같은 빈티지한 소품들을 사진 속에 같이 넣어서 저의 컬러를 드러내고요. 머리가 뻗친 모습이나 양말을 신지 않은 맨발 또는 흠집이 난 가구를 보여줌으로써 일상을 가감 없이 드러내고요. 여기에 밝기나 대비를 보정해서 감성적인 느낌을 전달하려 합니다.

그래서 전 아직도 아이폰으로 갈아타지 않았고 유료필터도 사용하지 않습니다. 그런 것들이 나의 느낌을 보여준다고 생각하지 않거든요. 만약 제가 엄청난 색감이나 선명함과 같이 전반적인 완성도를 추구했다면 그렇게 할 수도 있겠지만 그렇지는 않거든요. 뭔가 하나 모자란 게 저의 매력이라고 생각하고 또 완벽할 수도 없다고 생각합니다. 제가 아무리 그렇게 해봤자 MZ세대의 대표, 20대 초반 유저들을 따라갈 수는 없을 테니까요.

이쯤 되면 SNS 하나 하는데 뭘 그렇게까지 따지고 공을 들이느냐고 생각하실 텐데요. 다시 한 번 말씀드리지만, 단기간에 외워서 하는 게 아니라 오랫동안 하면서 생각해온 게 몸에 밴 것입니다. 여러분도 피드를 가지고 이런저런 실험을 하고 시행착오를 거치다 보면 분명 나의 스타일이라는 게 생길 겁니다.

그렇게 되면 점점 SNS상의 내가 또렷해지게 되고, 그런 모습을 좋아하는 사람들도 늘어나게 되고요. 어떠세요? 오늘부터 시도해 보시겠어요?

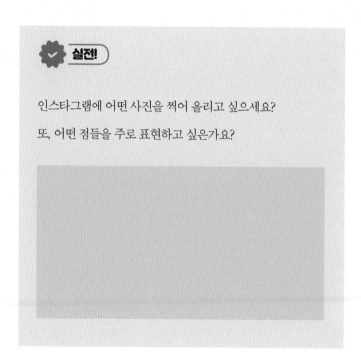

팔로워 수를 늘리려면
어떻게 해야 할까?

──────── 인스타그램을 막 시작한 사용자라면 제일 궁금한 부분이 이것일 겁니다. 도대체 어떻게 하면 팔로워를 늘릴 수 있는지. 세 세정은 2023년 3월 현재 3,033명의 팔로워를 보유하고 있습니다. 보통 유명하다고 하는 최소한의 팔로워 수가 만 명인 것을 고려하면 그리 많지 않은 숫자입니다만 0명에서 시작하는 초보 유저분들 입장에서는 부러운 숫자일 겁니다.

그래서 이제부터 센스도 부족하고 인스타그램도 늦게 시작한 제가 어떻게 3천 명이 넘는 팔로워 수를 가지게 되었는지를 찬찬히 들려드릴까 합니다.

2016년경부터 인스타그램을 열심히 하기 시작했지만, 당시만 해도 저를 팔로잉하는 사람들은 지인 혹은 일과 관련된 이들 뿐이었습니다. 그때의 팔로워 수 변화를 일일이 기록한 것은 아니라서 구체적으로 말씀드리기는 어렵지만, 첫 시작은 100명도 안 되었습니다. 그 후로 조금씩 늘고 또 늘어난 게 지금의 3,033명이라는 숫자고요. 그래도 증감률을 보자면 +2,933 정도 되는 거니 매년 400~500명 정도의 새 팔로워분들이 생긴 셈이네요.

제가 지인들과의 친목 도모 계정에서 벗어날 수 있었던 첫번째 비결은 바로 #해시태그였습니다. 블로그와는 다르게 검색 용도가 주가 아닌 인스타그램은 피드 노출이 참 어렵습니다. 운이 좀 따라준다면 포스팅이 포털사이트 메인 화면에 걸려 방문자 수가 급속도로 증가할 수 있는 네이버 블로그 시스템과는 달리 요행을 바랄 수도 없는 일입니다. 그래서 인스타그램을 시작했을 무렵 저와 비슷한 관심사를 가진 사람들 특히 그중에서도 독서를 좋아하고 책방 투어를 즐기는 사람들을 해시태그 검색을 통해 찾기 시작했습니다.

#책스타그램 #북스타그램 #책방투어 #독립서점
#서울독립서점 #동네책방

당시에는 독립서점이 한창 흥할 때이기도 했고 독립출판물을 만들거나 인증하는 게 유행이기도 해서 저와 비슷한 성향의 유저를 찾기란 그리 어려운 일이 아니었습니다. 제가 다녀온 적이 있거나 결이 비슷한 독립서점이나 책방을 해시태그로 검색해보고 해당 피드의 계정을 팔로잉했습니다. 하지만 맞팔은 쉽지 않았어요. 그도 그럴 것이 많은 팔로워 수의 계정은 하루에도 좋아요나 팔로잉 알람이 수십 수백 건이라 제가 팔로잉을 해봤자 묻힐 게 뻔하니까요. 그리고 지난번 챕터에서도 말씀드렸듯이 영혼 없는 친구신청은 아무런 소용이 없거든요. 그래서 방법을 좀 바꿨습니다.

📌 해시태그로 검색한 뒤
📌 계정에 들어가 적어도 3개 이상의 게시글에 하트를 표시한 뒤
📌 팔로잉 신청을 한다

　이렇게 하니 조금씩 맞팔을 해주는 계정이 생겨나기 시작했습니다. 그도 그럴 것이 그냥 해시태그만 보고 팔로잉을 하는 것보다 어떤 사람이고 어떤 계정인지를 들어가 일일이 확인해 보고 성의를 표하면 제 계정에도 들어와 확인한 후 맞팔을 할 가능성이 커지거든요. 이는 비단 저만 쓰는 방법이 아니었습니다. 이른바 '팔로워 늘리기 비법'으로 알음알음 많은 분들이 알고 계시더라고요.

　그런 후 어느 정도 팔로워 수가 쌓일 때쯤 방법을 바꿨습니다. 아무리 팔로워 수가 중요해도 소통이 없는 인스타그램은 재미가 없거든요. 그래서 기존의 계정 친구분들과 댓글이나 게시글 하트로 교류를 해나가기 시작했습니다. 저는 여기에 재미를 붙였어요. 나들이 인증 피드에 댓글이 붙고 또 댓글을 달고 이러다 보니 온라인상이기는 해도 조금씩 친분이 쌓여갔습니다. 덕분에 조금 무료했던 주말이 즐거워지기 시작했어요.

　그렇게 SNS상의 친분이 제게는 생활의 활력소가 되어주었고 그때부터는 팔로워를 늘리는 것보다 지키는 쪽에 비중을 뒀습니다. 심지어는 이렇게 알게 된 분들을 오프라인에서 직접 만

나기도 했습니다. 다만, 온라인상에서 만난 사람과의 인연을 이어가는 건 위험요소도 큰 편이라 보통 공공장소에서 만나거나 남편과 함께 봤어요.

저는 블로그를 통해서는 교류를 많이 안 하는 편이지만 인스타그램은 좀 다릅니다. 두 채널을 차별하거나 차등을 두는 것은 아닙니다. 그저 제가 조금 더 관리하기 편하고 조금 더 결이 바르다고 생각하는 쪽에서 활동하는 것이지요. SNS 플랫폼을 여러 개 사용하려면 이런 완급조절도 필요합니다. 의욕을 불태워서 모든 걸 다 왕성하게 할 수는 없어요. 그러다 보면 개인 시간이 너무 줄어들고 또 본업에 소홀해질 수 있거든요. 저는 딱 감당할 수 있을 정도로만 하려고 했습니다.

그런 후에는 이벤트나 동네책방과의 콜라보 수업 또는 행사 등을 리그램하고, 또 그것을 광고 집행하면서 저를 모르는 분들에게 계정을 알리려 했습니다. 참 신기한 게 천 명 정도의 팔로워가 생겼을 때는 그래도 조금 알려졌구나 하는 생각을 했었는데요. 거꾸로 저 역시도 저와 비슷한 팔로워 수의 계정은 몰라 세상이 아직 저의 존재를 잘 모른다는 걸 깨닫게 되었습니다. (우물 안의 개구리를 벗어나는 게 이렇게 힘듭니다. 자각하

기까지가 제일 어려운 것 같고 인정하는 건 더 힘든 일입니다)
그러면서 이제는 손품을 파는 것보다 조금 더 효과적인 방법을
써야지 하면서 생각한 게 이것이었습니다. 인스타그램이 너무
재미있어서 열심히 하는 제 모습이 사라지기 전에 제 의욕이
사그라지기 전에 빨리 알리는 게 좋을 것 같았거든요.

인스타그램 광고집행은 대행사가 따로 있을 정도로 비즈니
스를 하는 분들에게는 중요하면서도 유용한 도구입니다. 하지
만 방법은 쉽습니다. 알리고 싶은 게시물을 선택하면 사진 하
단에 '홍보하기' 탭이 뜨는데 그걸 클릭한 뒤 세부사항을 정하
면 알아서 진행되거든요. 저는 새 책을 출간하거나 수업을 런
칭할 때 이 기능을 사용했습니다. 물론 소액으로요.

그렇게 했더니 홍보 게시물을 본, 저를 전혀 모르는 분들이
팔로잉을 하기 시작했습니다. 광고집행이 효과적인지는 몇 가
지 지표를 통해 가늠할 수 있지만 저는 단연코 게시물 확인 후
계정 방문을 하고 팔로잉을 얼마나 하는지가 가장 중요하다고
생각합니다.

그렇게 조금씩 더디지만 맞는 방향으로 성장해 왔습니다.

가끔 팔로워 수를 산 계정을 발견할 때가 있습니다. 한 명당

얼마 정도를 주고 유령계정이 팔로잉하게 만드는 거지요. 게시물 수가 현저히 적은데 팔로워 수가 많고 팔로잉을 하는 계정이 대개 외국인이면서 게시물이 거의 없는 경우가 많습니다. 물론 이걸 해서 얻는 이득이 있을 수도 있을 겁니다. 얼마 안 되는 돈으로 계정의 사이즈를 키워놓으면 앰버서더나 크리에이터 선발에 유리할 수도 있을 테고요. 하지만 비밀은 없습니다. 요즘에는 이런 허수를 거르기 위해 모집 시 꼼꼼히 확인해본다고 하더라고요. 단언컨대 지름길은 없습니다. 재미있게 꾸준히 요령껏 하는 수밖에요.

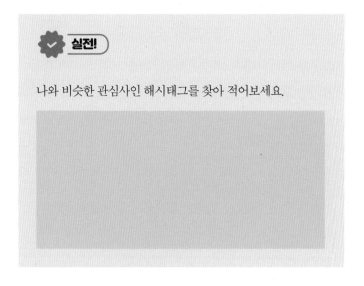

나와 비슷한 관심사인 해시태그를 찾아 적어보세요.

조금 더!

인스타그램에서 내 글 홍보하는 법

인스타그램 피드 내 게시물 클릭 → 사진 하단의 '게시물 홍보하기' 클릭 → 목표선택 → 타겟설정 → 기간에 따른 예산 설정 → 제출하기

광고집행은 어느 정도 하는 게 좋을까?

보통 3만 원은 넘어야 어느 정도 반응이 있는 걸 알 수 있습니다. 비즈니스 전문 계정은 월에 100만 원 정도까지 쓰는 경우도 있지만 지금 막 시작했고 일반계정이라면 큰 금액의 광고집행은 추천하고 싶지 않습니다. 반응을 본 뒤 더 태워도 늦지 않습니다.

캐릭터를
명확하게
만들어봐

─────── 전혀 상관없어 보이는 이야기를 하나 해보겠습니다. 저는 요즘 유튜브 예능인 〈튀르키예즈 온 더 블록〉을 챙겨봅니다. 특히나 신랑은 MC인 용진씨의 유머와 센스에 반해 역주행까지 마친 상태고요. 저 역시도 타고난 재치와 입담에 반해 금요일이면 주전부리를 챙겨 재생 버튼을 누릅니다. 그런데 프로그램 제목을 어디서 들어본 것 같지 않으세요? 바로 명MC 유재석씨가 나오는 〈유 퀴즈 온 더 블록〉이라는 포맷을 따라 한 것입니다. 길을 걷다 우연히 만난 사람과 격식 없이 대화한다는 콘셉트만 따와서 거기에 놀이동산에 가본 사람이라면 한 번쯤은 골탕먹어 봤다는(?) 튀르키예즈 아이스크림 재간을 섞어 새롭게 만든 것이지요.

그런데 이 프로그램을 가만히 보다 보면 원조가 잘 생각나질 않습니다. 포맷은 비슷한데 진행하는 톤앤매너도 그렇고 전반적으로 다른 느낌이 큽니다. 저예산이라는 걸 전면에 내세우며 퀴즈 경품으로는 버거킹 와퍼세트를 줍니다. PPL 광고도 크게 공들여 준비한 느낌이 아니고요. 하지만 그 때문에 좀 더 편하게 깔깔거리며 보기 좋습니다. 그러면서 동시에 이 프로그램은 캐릭터를 잘 살리고 있구나 하는 생각도 들고요. 이죽거리며 질문을 던지고 출연자의 부아를 돋우는 용진씨의 일관된 매력도 그걸 견고하게 해주는 듯합니다.

인스타그램에서 나를 또 내 계정을 또렷하게 각인시키는 방법은 이와 다르지 않습니다. 무수히 많은 사람 사이에서 특별할 것이 없어 보이는 개인을 특별하게 인식시키려면 캐릭터를 잘 가다듬어야 합니다. 저는 '글 쓰는 개엄마'라는 정체성을 가지고 있는데요. 블로그에서는 글 쓰는 '개엄마'에 가깝다면 인스타그램에서는 '글 쓰는' 개엄마에 가깝습니다. 그래서 반려견을 키우며 프리랜서로 일도 열심히 하는 작가의 모습을 보이려고 합니다.

하지만 오해는 하지 마세요. 그런 캐릭터는 억지로 가짜로 만든 것이 아닙니다. 내 안에 있는 여러 가지 특징 중 한두 가지를 골라서 보여준 겁니다. 저희 어머니가 종종 언급하시는 유명한 말이 있는데요. 바로 '가짓수 많은 밥상에 먹을 거 없다'라는 것입니다. 내가 보여주고 싶고 잘 표현할 수 있는 것을 고르는 것이지요.

저는 파워외향형인 E이기도 하고 춤도 오랫동안 춰오기도 했고 청소의 달인이기도 합니다. 반대로 단점인 특성도 있어요.

늘 침대와 한몸이려고 하는 게으름이 그중 하나고 또 쉽게 타올랐다가 꺼지는 변덕도 오래 기다리지 못하는 참을성 부족도 그중 하나라고 할 수 있겠네요. 하지만 이 모든 걸 피드에 담아낼 수는 없습니다. 그래서 제가 가장 사랑하는 일과 반려견을 선택해서 그 모습만을 중점적으로 보여주려 합니다.

덕분에 제가 여는 수업에는 반려견주분들이 꽤 많습니다. 제가 가진 공통특성과 비슷한 팔로워분들이 모이는 거죠. 그 점을 깨닫고 처음에는 꽤 놀랐습니다.

"아담이 보호자님이시라고요?"

2020년에 열었던 수업에서 우연히 만난 수강생이 제게 인스타 친구라고 인사를 건넸습니다. 하지만 얼굴을 자세히 봐도 기억이 잘 나지 않는 겁니다. 그래서 일단은 인사를 하고 수업을 시작했습니다. 그러다가 쉬는 시간에 이야기를 나눌 짬이 생겼고 그제야 제가 너무 귀여워하는 강아지 계정의 견주분이라는 걸 알게 되었습니다. 원래부터 책과 글쓰기에 관심이 많은데 제 계정의 공지를 보고 신청을 하셨더라고요. 너무 반가워 몇 번이나 감탄사를 연발했는지 모릅니다. 귀한 시간을 내

어 제 수업을 들어주신 것도 고맙지만 저를 또렷이 기억하고
계셨다는 게 너무 놀라웠습니다. 이제 와 돌이켜보면 저의 정
체성이 잘 전달되었다는 생각이 드네요.

아마 이 책을 읽는 여러분 속에도 다양한 모습이 있을 겁니
다. 아니라고는 하지 마세요. 평범한 저도 몇 개나 찾아냈잖아
요. (웃음) 그중에 가장 보여주고 싶은 건 어떤 특성인가요? 한
번 잘 정리해두었다가 표현해보세요. 단, 거짓으로는 말고요!

나의 특성을 정리해보세요. 그중에서 내가 인스타그램을 통해 보여주고 싶은 모습은 무엇인지 찾아보세요.

센스를
배워라

─────── 　여기까지 잘 따라오셨습니다. 사진 찍는 법도 아셨고 피드를 꾸미는 법도 배우셨고 팔로워 수를 늘리는 방법도 익히시고 캐릭터까지 완성하셨다면 9부 능선을 넘은 셈입니다. 이제는 좀 번외편 같은 건데요. 여기에 센스를 좀 첨가하면 좋습니다. 내가 가지고 있는 모습을 더 예쁜 모습으로 포장해 전달하는 거죠. 포장이라는 단어가 부담스럽다면 때 빼고 광을 내어 보여준다는 건 어떠세요? 기존의 모습을 해치지 않으면서 좀 더 깔끔하게 정리만 해보는 거예요.

　저는 종이앨범을 사용하던 시절에 태어나고 자랐습니다. 저희 집에는 두꺼운 앨범이 침대 밑과 서랍장에 몇 개씩 들어 있어요. 가끔 그걸 펼쳐볼 때가 있는데 놀라운 건 사진 옆에 제가 설명을 적어놓았다는 것입니다. 예를 들어 이모가 아기인 저를 안고 있는 모습이라면 '애기야, 너무 무거우니 얼른 내려가렴'이라고 제멋대로 적어놓은 거죠. 이모의 살짝 찡그린 얼굴이 그렇게 보였나 봅니다. 그거 말고도 몇 개가 더 있는데요. 저와 언니가 익살스러운 표정으로 서서 사진을 찍었는데 그 옆에는 '배 좀 디밀라'는 설명을 아주 친절하게 써놨더라고요. 그러니까 사실을 그대로 전달하기보다는 그걸 솔직하면서도 재미있게 전달하려고 하는 거죠. 인스타그램은 '정보' 위주보다는 '느낌' 위주이니까요.

제 초창기 인스타그램의 게시물은 플랫폼의 톤앤매너와 거리가 참 멀었습니다. "오늘은 나들이 다녀왔어요. 차는 막혔지만 참 좋네요." 식으로 적었더랍니다. 지금 보면 조금 웃음이 나는데요. 하나 마나 한 사실만 써놓았기 때문입니다. 물론 가까운 사람과의 친목 도모만을 위한 계정이라면 상관없지만 많은 사람과 교류하고 소통하고 싶다면 그 플랫폼에 어울리는 센스를 장착하는 게 중요합니다.

그건 말로 설명하는 것보다는 관심 있는 계정 몇 개를 팔로잉하면서 그 느낌을 배게 하려고 해보는 게 더 이해하기 쉬울 겁니다. 사진과 멘트를 어떻게 매치시켰는지를 지속해서 보면서 흡수하는 거죠. 저는 결이 맞으면서도 따라하고 싶은 계정의 게시글을 항상 챙겨보면서 익히려 했습니다. 그러다 보니 어느새 조금은 인스타그램에 어울리는 표현과 말투를 알겠더라고요. 그리고 요즘에는 큰 위화감 없이 잘 사용하고 있습니다.

말투까지 꾸며내야 하냐고 생각하실 텐데요. '카피'를 쓴다고 생각해보면 어떨까요? 사실 그대로를 전달하면 밋밋하고 재미가 없으니 효과적인 전달방식을 사용해보는 거죠. 거의 전 국민이 아는 "침대는 가구가 아닙니다. 과학입니다" 라는 유명한 카피 있잖아요. 이걸 정보 위주로 썼다고 하면 "이 침대는 정말 푹신하고 좋습니다." 이 정도가 되지 않을까 싶어요. 어떠세요? 느낌이 오나요?

저는 여전히 언어적 센스를 타고난 분들이 부럽습니다만 지금 정도로도 충분히 만족합니다. 이 이상은 너무 많은 시간과 에너지를 쓰게 될 것 같아요. 그러니 여러분도 그 선 안에서 플랫폼 안에서 잘 뛰어놀 수 있도록 어울릴 만한 센스를 한번 장착해보시면 어떨까요?

PART 4

유튜브는
어떻게 구성되어
있을까?

유튜브를 하기 위해서는 우선 어떤 메뉴들로 구성되어 있는지 그리고 각 메뉴를 어떻게 사용하면 좋을지 알아두면 좋습니다. 우선, 홈 화면에 접속하여 오른쪽 상단의 프로필을 클릭해 나의 채널로 이동해볼게요.

먼저 상단에 채널아트와 프로필 이미지가 보일 거고 그 아래 채널명과 구독자와 동영상 개수가 표시된 부분 아래의 멘트를 확인할 수 있으실 겁니다. 하단은 영상으로 화면이 구성되어 있고요. 이 중에서 제일 중요한 건 바로 '채널명'입니다. 어떤 콘텐츠를 업로드할 건지를 채널명을 통해 보여준다고 생각하면 됩니다. 제 채널명은 '혼자 일해요'인데요. 저처럼 혼자 일하시는 분들의 이야기를 전달하고 싶어서 그렇게 정했습니다. 물론 수정은 가능하니 너무 큰 부담 갖지 마시고 일단 찬찬히 생각하고 넣으면 됩니다.

[채널설정] - [이름] 클릭

다음으로는 채널설명을 작성합니다. 보통은 채널 소개를 한 줄로 짧게 넣기도 하고 협업이나 제안 연락을 위한 메일 주소를 삽입하기도 합니다. 하지만 공란으로 남겨두기도 하니 필수 설정은 아닙니다. 저는 '혼자 일하는 사람들의 이야기'로 멘트를 적었다가 구독자 천 명을 달성했을 때 이메일 연락처로 고쳐 넣었으니 구독자 수에 따라 수정해도 무방합니다.

[채널설정] - [설명] 클릭

마지막으로는 '영상' 부분인데요. 크게 15초에서 최대 1분 길이의 쇼츠와 길이 제한이 없는 동영상으로 구성되어 있습니다. 하단을 클릭하면 신택 후 업로드가 가능합니다. 이렇게 만든 영상들은 채널에 노출되는데 성격에 따라 재생목록을 따로 설정해놓을 수도 있습니다. 더 자세하고 많은 기능은 '유튜브 크리에이터 스튜디오' 사용을 추천하고 싶어요.

[만들기] 클릭

조금 더!

유튜브 시작할 때 참고하면 좋은 채널

유튜브신쌤
(https://www.youtube.com/@youstart)
〈2023년 유튜브 시작하려면? 이대로만 따라하세요!〉 영상 참고!

디지털거북이
(https://www.youtube.com/@digital_turtle)
〈유튜브 채널 만드는 방법 이 영상 하나면 끝! (로고, 채널아트까지)〉 영상 참고!

단연코
가장 난이도 높은
SNS

——————— "유튜브나 한 번 해볼까?"

새해가 되면 단골 소재로 거론된다는 유튜버 되기. 하지만 이제는 그런 이야기도 농담처럼 하지 못하게 되나 봅니다. 이미 유튜브는 일반인의 장이라기보다는 전문가들의 치열한 싸움터가 되어버렸기 때문이죠. 누군가는 아직도 〈보람튜브〉와 〈빠니보틀〉처럼 몇 안 되는 성공 케이스를 가지고 나도 한 번 유튜브로 큰돈을 벌고 회사를 그만둘 수 있을 거라는 장밋빛 미래를 그릴 수도 있을 것 같은데요. 하지만 그 상상은 현실이 되기도 전에 당신을 망가뜨릴 수 있습니다. 그 이유를 지금부터 차근차근 설명하도록 할게요.

제가 유튜브를 제대로 시작한 건 2020년 12월 경이었습니다. 코로나19로 인해 모든 스케줄이 취소되고 칩거할 수밖에 없었을 때 나름의 타개책으로 시작한 것이었습니다. 유튜브로 성공하겠다는 거창한 목표까지는 아니었어도 말하는 것에 나름의 자신감이 있었던 터라 소기의 목표인 구독자 천 명 달성까지는 쉬울 거로 생각했습니다. 그리고 그렇게 첫 영상을 찍어 올렸습니다.

하지만 결과는 아주 좋지 못했죠. 무엇보다 영상의 질이 낮았습니다. 만약 '떡상'을 했더라도 채널을 유지하지 못했을 거예요. 그만큼 저는 유튜브 생태계와 영상에 대한 이해가 아주 많이 부족했습니다.

SNS라면 안 해본 것이 없다고 자부하는 저에게 유튜브는 마치 난공불락의 산과 같았습니다. 이제껏 했던 것 중에 가장 높은 난도를 자랑했습니다. 유튜브는 영상 하나만 올리면 끝인 플랫폼이 아닙니다. 적어도 세 가지 요소가 잘 갖춰져야 해요.

📌 **하나, 썸네일**
📌 **둘, 제목**
📌 **셋, 영상**

썸네일은 영상을 클릭하게 만들고
제목은 영상을 노출시키고
영상은 유저를 잡아두는 킬러 콘텐츠입니다.

이 세 가지 중 하나만 부족해도 심혈을 기울여 만든 영상은 유저들에게 가 닿지 않죠. 그래서 유튜브 채널 운영을 공부할 때 가장 많이 신경 쓰라고 하는 것도 '썸네일 만들기'와 '제목 짓기' 그리고 '영상 기획하기'입니다.

먼저, 제게 썸네일은 여태껏 경험해보지 않은 그 무언가였습니다. 사람들의 시선을 확 사로잡을 만한 이미지와 카피가 조합되어야 하거든요. 게다가 이를 위해서는 시쳇말로 '어그로'가 필요합니다. 그래서 수많은 채널에서는 선정성이 높은 썸네일 이미지를 사용하기도 하고 또 자극적인 카피를 짓기도 합니다. 저로서는 둘 중 하나도 어려운데 그 두 가지를 동시에 갖춰야 하니 힘들 만도 했겠죠. 게다가 클릭을 유도하게 만드는 과감한 멘트는 저의 성향과 잘 맞지 않았습니다.

그래서 초반의 썸네일을 보면 통일성도 없고 정신 산만하고 카피는 또 얼마나 평범하고 직관적인지 창피할 정도입니다. 그 중 몇 개만 가져와 보겠습니다. 저의 흑역사를 통해 여러분은 같은 실수를 반복하지 마시라는 의미에서입니다.

- 1인 출판사
- MC 겸 1인가구의 서울살이
- 재택근무

지금 다시 봐도 아찔합니다. 영상 클릭을 유도하기 위해 고민한 흔적이 전혀 엿보이지 않는 썸네일 카피네요. 그럼, 무엇이 잘못 되었는지 한번 짚어보겠습니다.

📌 1인출판사
　　← 구체적인 내용이 언급되어 있지 않습니다.
📌 재택근무
　　← 범위가 너무 넓고 카피라고 볼 수도 없습니다.

　물론 썸네일에 카피 없이 영상을 업로드하는 분들도 있습니다. 보통 동물 관련 채널을 운영하실 때 그렇게 하는데요. 귀여운 치즈냥이의 얼굴만 있어도, 한도 초과 귀여움인 시고르자브르종만 등장해도 클릭을 하게 만들기 때문입니다. 그러니 다른 주제를 가지고 운영한다면 썸네일의 카피는 필수입니다.

　유튜브를 운영한 지 이제 2년이 되어가는 제가 앞선 썸네일을 수정할 수 있다면 이렇게 하겠습니다.

📌 1인출판사
　　→ 1인출판사 베스트셀러 없이도 10년 존버한 비결
📌 재택근무
　　→ 올빼미형 프리랜서는 집에서 어떻게 일할까?

　아직도 배워가는 처지라 완벽하다고 할 수는 없지만, 그 전 카피보다는 낫지 않나요? 이렇게 고친 데는 몇 가지 기준이 있는데 소개해보도록 하겠습니다.

우선, 썸네일에 숫자가 들어갈 수 있다면 명시하는 것이 좋습니다. 예를 들어 돈을 많이 모았다는 말보다는 돈을 100억 모았다는 식으로 말이죠.

또한, 두루뭉술한 언급은 피해야 합니다. 예를 들어, '직장인은 피곤해'가 아니라 '광고회사 직장인은 피곤해' 라는 식으로 구체적인 내용이 들어가야 하는 거죠.

마지막으로, 영상에 나오는 내용을 썸네일에서 다 말해주면 안 됩니다. 예를 들어, '10년 만에 은퇴하고 파이어족이 된 비결은 미국주식 배당주 덕분'이 아니라 '10년만에 은퇴하고 파이어족이 된 비결은 ○○○덕분' 이라는 식으로 결론은 영상 시청을 통해 확인하게 만들어야 하는 거죠.

너무나도 무지했던 썸네일 만들기의 세계에 이제 조금이나마 눈을 뜬 것 같습니다.

이뿐 만이 아닙니다. 여기에 이미지도 잘 어우러져야 해요. 무엇보다 그런 재주가 없다면 적어도 깔끔하면서 통일성 있게 만들어야 합니다.

다음의 이미지는 저의 초창기 썸네일인데요. 무엇이 잘못되었는지 한번 짚어보겠습니다.

  셋 다 같은 재생목록에 속하는 영상의 썸네일인데요. 비슷한 느낌이 하나도 없죠? 중구난방이라는 인상이 큰데요. 이것 역시 치열하게 고민하지 않았기 때문입니다. 그저 영상만 잘 찍으면 되겠지, 내용만 알차면 되겠지 하는 마음으로요.

  하지만 저희가 선물을 할 때 내용물도 중요하지만 어떻게 포장하느냐 어디에 담아서 주느냐가 중요한 것처럼 유튜브도 똑같습니다. 썸네일의 이미지가 잘 만들어지지 않으면 클릭하지 않죠. 그래서 지금의 썸네일은 이렇습니다.

셋 다 같은 재생목록에 속해 있는 영상의 썸네일이고요. 이것 역시 앱의 무료 썸네일 이미지를 활용했습니다만 시리즈와 같은 느낌으로 통일성 있게 만들려고 했습니다.

썸네일의 이미지를 잘 만드는 방법은 크게 두 가지입니다. 하나, 통일된 느낌을 준다. 유명한 채널은 썸네일부터 어디서 만든 건지 알 수 있습니다. 비슷한 폰트 비슷한 구성이지만 아이덴티티를 녹여 전체적인 콘셉트에 어우러지게 하는 겁니다. 둘, 웬만하면 신뢰성을 위해 인물이나 장면을 보여준다. 텍스트만 있는 것보다는 영상을 미리 맛볼 수 있게 출연자의 얼굴이나 장면을 넣어주면 선택받기 좋습니다.

그다음은 '제목 짓기'인데요. 실은, 썸네일의 카피를 만들었으면 그걸 비틀어 이용해도 되기 때문에 그렇게까지 어렵진 않습니다. 다만, 초보 유튜버의 경우에는 영상이 노출빈도가 적기 때문에 보통 검색에 잡히게끔 해서 조회수와 구독자수를 늘려야 하므로 어떤 키워드가 검색결과값이 많지 않은지 반대로 어떤 키워드를 사람들이 많이 검색하는지를 고민하고 알아봐야 합니다.

이를 위해 다양한 툴이 있는데요. 그중 하나로, 유튜버 신사임당이 사용한다고 해서 유명해진 '블랙키위'가 있습니다. (〈신사임당〉 채널을 타인에게 매각했고, 저작권 관련해서 표절 논란이 있지만, 어쨌든 유튜버 신사임당으로 인해 유명해졌습니다) 블랙키위는 내가 쓰고 싶은 키워드를 넣으면 얼마나 좋은 건지 판단해주고 관련 검색어를 추천해주기도 합니다.

마지막으로, 본편에 해당하는 '영상'입니다. 우선, 길이가 너무 길면 안 됩니다. 보통 15분 안팎의 영상을 선호한다고 하는데 요즘에는 shorts(쇼츠) 때문에 더 짧은 길이를 원한다고 해요. 또한, 고화질까지는 아니어도 영상이 너무 뿌옇거나 반대로 너무 어두우면 안 됩니다. 이건 조명 세팅이 중요한 부분이네요. 그리고 소리도 매우 중요합니다. 생각보다 유튜브 시청자들은 사운드가 좋지 않은 영상에 집중하지 못한다고 해요. 자막을 넣는 방법도 있지만 어쨌든 보면서 동시에 듣는 매체이기 때문에 소리에 신경을 써야 합니다. 이건 마이크와 관련된 문제겠네요.

초창기에 저는 이를 모르고 그냥 스마트폰으로 찍어서 편집 없이 올렸습니다. 그래서 첫 영상의 경우 조명을 쓰지 않아 어두운 화면을 조정한다고 밝기를 너무 올려서 뿌옇게 되어버렸고요. 마이크를 사용하지 않고 먼 거리에서 촬영해 수음이 잘 안 되어 오래 보기 힘든 퀄리티가 되어버렸습니다. 이 때문에 첫 영상에 출연해주신 게스트분에게 아직도 미안한 마음이 큽니다. 더 나아져서 꼭 다시 모셔야지 하는 생각을 하고 있는데요. 이 책이 출간될 때쯤에는 함께 다시 찍을 수 있지 않을까 싶습니다.

이렇듯 유튜브는 수많은 요소로 구성된, 난도가 높은 SNS입니다. 하지만 그렇다고 지레 겁을 먹고 포기하라는 말씀을 드리는 건 아닙니다. 대신 앞으로 어떻게 하면 시행착오는 줄이고 효율은 높여서 만들 수 있는지를 항목별로 좀 더 자세하게 말씀드릴게요.

유튜브도 거의 안 보는 제가 2년 여에 걸쳐 터득했다면 여러분은 좀 더 짧은 시간에 익힐 수 있을 겁니다.

조금 더!

무료 썸네일 제작 앱/사이트

Canva (캔바)
무료로 사용할 수 있는 썸네일이 꽤 있고 사용법이 직관적이라 초보도 쉽게 이용할 수 있습니다.

미리캔버스
유튜브 썸네일 외에도 카드뉴스나 포스터를 만들 수 있는 템플릿이 많습니다. 응용해서 쓰기 좋아 포토샵이나 일러스트를 사용하지 않고도 고퀄리티의 썸네일을 만들 수 있습니다. https://www.miricanvas.com

VLLO
동영상 편집을 한다고 하면 대다수는 프리미어 프로를 떠올리겠지만 초보에게는 다소 어려울 수 있습니다. 그래서 요즘에는 기능 대부분을 탑재하고 있으면서도 가볍게 사용하기 좋은 앱들을 이용하는데 'VLLO(블로)'가 대표적입니다. 광고를 시청하면 무료로 사용할 수 있고 그게 싫다면 유료플랜을 구매하면 됩니다. 보통 브이로그를 만드는 유튜버들이 사용하며 간단한 정보 전달 영상도 제작에 무리가 없습니다.

Vrew

유튜브 이용자들은 대부분 영상 시청을 할 때 자막 여부를 따지는 편입니다. 자막을 넣으려면 작업량이나 소요시간이 만만치 않습니다. 20분이 채 되지 않는 영상을 대본 없이 듣고 자막을 제작하려면 3~4시간이 걸리기도 하며 대사량이 많거나 혹은 전문용어를 사용하거나 재생시간이 더 길면 하루에서 이틀이 걸리기도 하거든요. 그래서 요즘에는 인공지능을 기반으로 한 자막 자동생성 프로그램을 사용하는 것이 작업에 유리한데 그중에서도 'Vrew(브루)'를 추천합니다.

Vrew는 회원가입만 하면 무료로 사용할 수 있으며 업데이트가 잦습니다. 게다가 편집과 관련된 기능을 추가하고 있고 음성 인식률도 높아 작업하기 편리합니다. 요즘에는 'Vrew'만 활용해도 편집 앱 없이 후반 작업을 모두 할 수 있을 정도가 되었습니다.

기획이
전부다

———————— 제목에 조금의 과장이 더해진 것이라는 걸 부인하지 않겠습니다. 유튜브 채널에서 중요한 건 한두 가지가 아니니까요. 하지만 저뿐만 아니라 전문가분들도 맨 앞에 두어야 하는 것으로 꼽는 건 동일합니다. 바로 '기획'입니다. 단지 유튜버가 되고 싶은 거라면 그 어떤 소재를 가지고 해도 괜찮을 수 있습니다. 사람들이 제일 선호하는 걸 골라도 되고요. 하지만 보통은 유튜브를 통해 내가 하고 싶은 이야기가 있거나 목적이 뚜렷합니다. 저도 그랬고요.

앞서 언급했듯이 오프라인 활동을 대신해 제 목소리를 낼 수 있는 채널이 필요했고 또 저와 같이 혼자 일하는 사람들의 이야기를 듣고 싶다는 게 목적이자 주제였습니다. 그래서 이름을 〈혼자 일해요〉로 정했고요. 하지만 본격적으로 유튜브를 하기 전에 저는 책과 관련된 채널을 잠시 운영했습니다. 그래서 첫 채널명은 〈스프링의 독서노트〉였고 그다음에는 〈동구책방〉이었습니다.

하지만 이렇게 채널의 성격을 무턱대고 여러 번 바꾸면 유튜브 알고리즘이 어떤 분류에 넣어야 할지 인식하지 못한다고 해요. 그래서 만약 채널의 색깔에 변화를 주고 싶다면 차라리 새로운 채널을 만드는 게 낫습니다. 0명에서 다시 시작하는 것이지요. 저는 그게 싫었습니다. 비록 두 자리 수의 구독자였지만 출발선에서 다시 시작하는 게 두려워서 그냥 채널명만 바꿔서 운영했고, 그 결과 천 명의 구독자를 만들어내는 데 22개월이라는 시간이 걸렸습니다.

그래서 처음부터 어떤 채널을 운영할지 깊이 생각해보고 기획을 하는 시간을 충분히 가지시라고 권하고 싶습니다. 주제는 어떤 것이든 상관없습니다. 내가 하고 싶은 이야기가 충분한지가 중요합니다. 예를 들어 여행을 주제로 채널을 운영하고 싶다면 적어도 열 개 이상의 영상을 제작할 수 있어야 합니다. 한두 편 올리고 그만둘 게 아니니까요. 정말 좋아하는 소재지만 경험이 충분하지 않거나 할 이야기가 별로 없을 수도 있습니다. 그럼 처음부터 다시 시작해야 할 수도 있어요. 그러니 꼭 그 주제로 할 이야기가 충분한지 먼저 확인해야 합니다.

저의 경우, '혼자 일하는 사람들'이 콘셉트였고 저처럼 혼자 일하는 예술가나 1인 기업가 또는 자영업자를 만나 이야기를 하는 코너를 꾸려갈 것이었기에 최소 100편은 만들 수 있을 거라는 자신이 있었습니다. 이렇게 길게 할 수 있는 소재를 찾으

서야 합니다. 그 뒤에는 꾸준히 뚝심있게 콘텐츠를 만들어야 하고요.

 주제를 정했다면 이제는 포지셔닝을 할 차례입니다. 같은 주제로 운영되는 수많은 채널들 사이에서 어떻게 차별화할지를 생각해야 합니다. 하고자 하는 이야기를 좀 더 뾰족하게 다듬는 겁니다. 예를 들어 요리에 관심이 있어서 해당 채널을 운영하고 싶다면 앞에 수식어를 붙여 좀 더 구체화시킵니다. '5천 원으로 만드는 자취생 요리'처럼 만드는 것이지요. 저는 이러한 포지셔닝의 성공적인 사례로 채널 〈굴즈야밥묵자〉를 꼽고 싶습니다. '신혼부부의 밥상'이라는 주제를 가지고 다양한 요리 영상을 만드는데 '일주일에 5만 원 미만으로 만드는 콘셉트'로 차별화에 성공했거든요. 특히나 요즘은 짠테크와 무지출 챌린지와 같이 절약이 인기 키워드이기 때문에 좀 더 많은 분들한테 사랑받고 있는 것 같습니다.

 여기까지 정하고 치열하게 고민을 했다면 이제 영상 제작에 돌입하면 됩니다. 그리고 콘텐츠를 하나둘 만들어가다 보면 어떻게 해야 더 구독자들의 사랑을 받을 수 있는지 또 어떻게 해야 내가 더 잘 만들 수 있는지를 알 수 있어요.

저 역시도 처음에는 혼자 일하는 사람들을 만나 이야기를 나누는 '혼터뷰' 코너가 인기가 있을 줄 알았는데 오히려 그분들이 일하는 공간을 소개하는 '작업실 습격'이 조회수가 더 잘 나오더라고요. 또한, 글 쓰는 이야기를 간간이 했었는데 그 영상을 좋아해주시고 설문조사를 해도 작법 콘텐츠를 더 자주 만들어달라고 하셔서 그쪽으로 방향을 잡았습니다.

부디 멈추지만 마세요!

 조금 더!

유튜브에서 콘텐츠를 다루는 방식은 여러 가지가 있지만 그 중 가장 대중적이면서 직접 경험한 내용을 정리했습니다.

- 인터뷰
채널 〈직업의 모든 것〉(구독자 85.6만 명), 〈까레라이스TV〉(구독자 53.7만 명), 〈드로우앤드류〉(구독자 58.6만 명) 등에서 만나볼 수 있는 콘텐츠로, 두 명 이상의 출연진이 등장한다. 질문을 던지는 인터뷰어와 답을 하고 함께 이야기를 나누는 인터뷰이로 구성된다. 사전에 섭외와 대본 작업이 필수인데 생각보다 쉽지 않다. 우선, 섭외의 경우 일반인은 신분 노출을 꺼려 승낙하지 않을 수 있고, 반대로 유명한 게스트는 일정 조율과 출연료 등의 문제로 섭외가 어려울 수 있다. 매스컴 노출에 부정적이지 않은 지인 대상으로 출연 섭외를 해 보는 게 좋다. 또는 활발한 활동을 하거나 홍보가 필요한 인친이나 페친에게 정중하게 출연을 요청할 수도 있다. 이때 채널 소개와 대표 영상 첨부는 필수! 나는 이러한 방법을 이용해 10명 중 6~7명에게 허락을 받았다. 대본은 오프닝 멘트+질문+클로징 멘트로 미리 준비하는 게 좋다. 나는 1회 촬영에 보통 A4 용지 1~2매 분량의 대본을 쓰는 편이다.

-리뷰

그 유명한 〈ITSub잇섭〉(구독자 233만 명)은 전자기기를 써보고 소개하는 대표적인 리뷰 유튜버다. 어떤 물건인지는 중요하지 않다. 캠핑에 관심이 있다면 새로 출시된 난로나 에어매트를 써보고 소개할 수도 있다. 다만, 리뷰 콘텐츠의 경우 해당 제품을 구매해야 한다는 허들이 있다. 전자기기의 경우 수십만 원에서 수백만 원을 호가하기도 한다. 리뷰 아이템은 내가 좋아하면서도 구매가 가능한 품목이어야 한다. 단, 채널이 커지면 협찬을 통해 제작비를 줄일 수도 있다.

-지식, 노하우

가장 제작하기 용이한 포맷이다. 그동안 쌓아왔던 지식이나 노하우를 혼자서 만드는 콘텐츠이기 때문이다. 손품은 많이 팔 필요가 있어도 출연자를 섭외한다든가 출연료를 지불한다든가 (성격에 따라 다르겠지만) 스튜디오를 대관할 필요가 없다. 대표적인 채널로 〈장사 권프로〉(구독자 17.5만 명),

〈재개발은 진와이스〉(구독자 2.57만 명), 〈재테크하는 아내, 구채희〉(구독자 28만 명) 등이 있다. 보통 돈이나 자기계발 관련 채널이 해당되는데 중간중간 게스트를 섭외해 인터뷰 형식을 섞기도 한다. 변주하기도 편하고 초반 제작비도 적게 든다는 점에서 초보 유튜버에게 가장 추천할 만하다.

【 유튜브 인터뷰 촬영 대본 】

- 유튜브 채널 〈혼자 일해요〉
- 자영업자, 프리랜서, 1인기업가, 예술가 인터뷰/대담 코너
- 20편: 반려견 훈련사 이중규님
- 전체 영상 길이: 40~50분 예상 (클립당 15분 내외)

오프닝 멘트

안녕하세요, 〈혼자 일해요〉의 글 쓰는 개엄마입니다. 오늘은 〈세나 개〉, 〈개는 훌륭하다〉로 많은 분들이 한 번쯤은 미디어를 통해 접하 셨을 그 직업! '올바른 참견' 대표이자 반려견 훈련사로 활동하고 계 신 이중규님을 모셨습니다. 만나서 반갑습니다!

1부 - 반려견 훈련사라는 세계

Q1. 아무래도 반려인구가 늘다 보니까 자연스럽게 반려견 훈련사 라는 직업에 관한 관심도 같이 늘고 있는 것 같아요. 저만 해도 〈세나 개〉와 〈개는 훌륭하다〉 그리고 〈동물농장〉 이 세 가지 프로그램은 꼭 챙겨보거든요. (웃음) 하지만 반려견 훈련사가 되어 자리를 잡기까 지는 정말 녹록지 않은 것 같더라고요. 우선, 훈련사 시절 초봉도

그렇고 일을 하는 업장의 위치나 날씨도 그렇고요. 그래서 이중규 훈 련사님이 처음 반려동물 관련 학과에 입학하시고 초보 훈련사 시절 을 거쳐서 지금 자신만의 브랜드를 만들게 되기까지의 과정을 들려 주시면 어떨까요?

Q2. 제가 인터뷰를 하기 전에 열심히 SNS나 기사 혹은 영상을 찾아 보면서 사전조사를 하는데요. 이중규 훈련사님도 원래는 훈련소 소 속 팀장이었고 실제로 훈련사님과 같은 학과를 졸업한 분 중에는 유 명 업체 소속으로 일하면서 안정된 직장인으로 살아가시는 분들도 많더라고요. 그런데 어떻게 직접 회사를 차려 일을 하실 생각을 하시 게 되었는지 궁금합니다.

Q3. '올바른 참견'은 방문훈련 업체로 시작해서 현재는 유치원 개원 도 앞둔 상태시잖아요. 이렇게 몸집을 키워야겠다는 생각을 하신 이 유가 궁금하고요. 사실 저도 저만의 공간을 갖고 싶지만, 초창기에 들어가는 비용과 리스크 때문에 8년째 망설이고만 있거든요. (웃음) 혹시 훈련사님은 그런 부분은 걱정해보지 않으셨는지, 두렵지는 않 으셨는지 궁금합니다.

2부 - 브랜드를 만들어가는 과정

Q4. 제가 인터뷰를 준비하면서 '올바른 참견' 블로그의 예전 글부터 쭉 확인해보았는데요. 우선, 초창기와 지금의 로고가 다르고 또 글의 포맷도 좀 바뀐 듯한 느낌이 들더라고요. 솔직히 말씀드리면 갈수록 프로의 느낌이 난다는 생각이 들었는데 (웃음) 리뉴얼하게 된 계기도 궁금하고 이렇게 발전시켜야겠다고 생각하고 따로 공부하시거나 컨 설팅을 받으신 건지도 궁금합니다.

Q5. 저는 브랜딩 전문가는 아니지만, 주변에서 브랜드를 잘 만들고

키워나가는 과정과 사례를 오래 봐왔어요. 그래서 굉장히 옳은 방향으로 가신다는 생각이 드는데요. 어쩌면 '올바른 참견'은 현재는 유튜브보다는 블로그로 콘텐츠를 만들어 가시면서 브랜드를 알려가고 계신데요. 블로그 콘텐츠는 직접 만드시는지 SNS 관리는 어떻게 하시는지 앞으로 영상 콘텐츠를 제작해보실 계획은 없는지 궁금합니다.

3부 - 대놓고 강아지 이야기

Q6. 미디어에서는 항상 강아지 훈련 전과 훈련 후가 마법처럼 편집되어서 나오잖아요. 그러다 보니 그걸 보고 직접 훈련을 하려 하면 결과가 쉽게 나오질 않아서 좌절하는 보호자들이 많으신 것 같아요. 보통 우리가 생각하는 반려견의 특이행동이나 문제행동을 고치는 데 걸리는 시간이나 특징들이 있을까요?

Q7. 사실 애견유치원에 보내고 싶은데 문제행동을 배워올까 봐 걱정하는 분들이 많은 것 같아요. 저도 그렇거든요. (웃음) 애견유치원은 어떤 기준으로 보낼지 말지를 결정하는 게 좋을까요? 저희가 알아두면 좋은 기준이나 특징이 있다면 설명 부탁드립니다.

클로징 멘트

지금까지 '올바른 참견'의 이중규 훈련사님을 만나봤습니다. 주위에서 접하기 힘든 직업이라서 더 흥미로웠던 것 같아요. 앞으로도 '올바른 참견'의 행보를 지켜봐주시고 응원 부탁드릴게요.
저는 다른 주제로 또 다른 게스트와 함께 다시 찾아오도록 하겠습니다. 감사합니다!

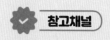 **참고채널**

(자료는 2023년 3월 현재 기준)

굴즈야밥묵자 구독자 32만명

https://www.youtube.com/@user-eg2bi6gp4o

 신혼부부의 식단과 요리법을 알려주는 채널로 일주일에 5~6만 원을 가지고 밥상을 차린다는 게 콘셉트

히피이모 구독자 11.7만명

https://www.youtube.com/@hippie-aunt

 일하지 않고 살아가는 일상생활을 공유하는 채널로 '달동네 사는 싱글파이어족'이 콘셉트

 실전!

어떤 주제의 유튜브 채널을 운영하고 싶은가요?

그 앞에 수식어를 붙여 콘셉트를 좀 더 뾰족하게 만들어보세요.

자, 이제 그 속에 하고 싶은 이야기가 몇 가지나 되는지 정리해보세요.

카메라보다
중요한 것

─────── 첫 게스트를 모시고 영상을 찍던 날을 잊지 못합니다. 당시 알고 지내던 출판사 대표님을 모셨는데 촬영하는 내내 넋이 반쯤은 나가 정신을 차리지 못했거든요. 그도 그럴 것이 저는 영상을 본 적만 있지 직접 찍어본 적이 없었습니다. 그래서 촬영할 때 무엇이 필요한지 어떤 걸 신경 써야 하는지 잘 몰랐습니다. 그리고 그러한 무지가 영상의 퀄리티로 드러나게 되었죠. (하지만 첫 영상을 내리지 않았습니다. 반면교사로 삼으려고 일부러 내버려두었어요)

저와 같은 시행착오를 겪지 마시라고 이번에는 영상촬영을 할 때 중요한 것들을 이야기해볼게요.

📌 조명
📌 음향

무엇보다 이 두 가지는 꼭 챙기셔야 합니다. 이렇게 말씀드리면 카메라가 제일 중요하지 않냐고 생각하실 수 있는데요. 요즘에는 스마트폰에 내장되어 있는 카메라의 성능이 좋으므로 어떤 기종이라도 퀄리티는 크게 차이가 나지 않는 것 같습니다. 저는 현재 갤럭시 노트로 영상을 제작하고 있는데 만족하고 있고, 앞으로도 바꿀 생각은 없습니다. 그 정도면 충분해요. 그래서 카메라에 대한 언급은 빼고 조명과 음향에 대해서만 말씀드리겠습니다.

먼저 조명의 경우 반드시 사용하는 걸 추천합니다. 영상에 대해 잘 모르는 사람이라도 한눈에 알아차릴 수 있습니다. 조명을 사용할 경우 전체적으로 화면이 고르게 밝다는 느낌을 주고 또 인물이 좀 더 화사하게 보입니다. 그렇기에 편집 시 세팅값을 따로 조절하지 않아도 됩니다. 제 경험상 하나보다는 둘이 낫고 둘보다는 셋이 낫습니다. 만약 딱 하나의 조명만 쓸 수 있다면 정면에 두고, 두 개를 쓸 수 있다면 좌우로 하나씩 두세요. 세 개를 쓸 수 있다면 좌우에 하나씩 두시고 정면에 하나를 두면 그림자가 지지 않고 고르게 빛이 닿을 수 있습니다. 다만,

링라이트의 경우 안경 착용 여부를 확인한 뒤 사용하시길 바라요. 렌즈에 비칠 수 있거든요.

다음으로는 웬만하면 마이크를 이용하시라고 말씀드립니다. 혼자서 찍을 때는 카메라를 가까이 두기 때문에 수음이 괜찮은데요. 만약 거리를 두고 삼각대에 세팅하는 경우에는 마이크를 사용해야 소리가 또렷하게 담깁니다. 게다가 실내가 아닌 야외 촬영이라면 반드시 마이크를 사용해야 또렷하게 녹음할 수 있습니다. 게스트가 있는 경우에도 필수로 사용하는 것이 좋습니다. 한 화면 안에 두 명의 모습을 담으려면 피사체와 카메라의 거리가 멀어지는데 스마트폰에 내장된 마이크의 경우 수음이 잘 되지 않습니다. 처음에 그 사실을 모르고 게스트를 모셔놓고 그냥 촬영했더니 소리가 잘 들리지 않아 집중하기 어렵다는 코멘트를 받았습니다.

어떤 마이크를 사용할지는 개인의 선택이지만 되도록 가격대가 있는 제품을 추천합니다. 장비빨을 잘 세우지 않는 저이지만 현재 마이크만 다섯 개를 가지고 있습니다. 가성비가 좋다는 제품 또는 저가 제품을 사서 써봤지만, 스마트폰 내장 마이크와 크게 차이가 없어 다시 사야 했습니다. 같은 실수를 결국 네 번이나 반복한 셈이죠. 그렇다고 아주 고가의 제품을 구매하라는 말씀은 아닙니다. 저는 현재 4~5만 원대의 무선 핀마이크를 사용하고 있는데 아주 만족합니다. 게다가 듀얼제품이라 게스트를 모시고 촬영하기에 무리가 없더라고요.

　블로그와 인스타그램은 추가 장비를 구매하지 않고도 충분히 할 수 있지만, 유튜브는 아무래도 초반 투자가 필요합니다. 과하지 않아도 됩니다. 스마트폰에 작은 조명 하나 그리고 적당한 가격의 마이크 정도면 됩니다. 저는 시작할 때 약 10만 원 정도를 썼고요.

추천제품

- **링라이트** : 조이트론 LD10 LED 링라이트, 2만 원가량
- **핀마이크** : 보야 BY-M1DM 스마트폰 카메라용 듀얼마이크, 2만 7천 원가량
- **무선마이크** : 호루스벤누 무선 핀마이크 C타입 XL-WM2-c, 4~5만 원대

조금 더!

마이크는 지향성과 무지향성으로 나뉘는데 지향성의 경우 특정 방향의 소리만 잘 수음이 되고 무지향성의 경우 방향에 상관없이 사방에서 나는 소리가 모두 수음이 됩니다. 만약 주변이 시끄러운 편이라면 지향성을 사용하는 걸 추천하고, 그렇지 않고 배경 소리까지 고르게 담아야 한다면 무지향성을 추천합니다.

하나 더!

유튜브 촬영 스튜디오

영상다방 황금단추	스튜디오 애플
서울 합정역 6번 출구 부근	서울 합정역 2번 출구 부근
장비 대여 가능	음성 콘텐츠 제작도 가능
시간당 18,000원	시간당 20,000원

크리에이터 스테이지 부평점
인천 부평구청역 6번 출구
장비 대여 및 편집, 자막 서비스 가능 (단, 추가비용 있음)
30분당 10,000원

홍보와 맞구독은
하지 마라

─────── 홍보하지 마세요. 내 채널에 영상을 올릴 때마다 매번 끝까지 시청해줄 수 있는 지인이 아니라면 홍보하지 마세요. 유튜브 초짜에 가까운 저도 한번 해보고 싶다는 사람에게 꼭 해주고픈 이야기입니다. 무슨 말인고 하니 보통 SNS를 시작하면 주변에 알리거나 홍보를 하잖아요. 그래야 팔로워나 친구가 있어서 할 맛이 나기도 하고 그렇게 점점 널리 퍼져서 알려지게 되고요. 하지만 유튜브는 그렇지 않습니다. 그렇게 하면 거꾸로 채널이 사장당할 수도 있습니다.

'알고리즘'이라는 단어 들어보셨지요? 사전적 정의는 어떤 문제의 해결을 위하여, 입력된 자료를 토대로 하여 원하는 출력을 유도하여 내는 규칙의 집합이라고 하는데요. 쉽게 말해 나름의 규칙이라고 보면 됩니다. 유튜브는 다른 SNS보다도 강력한 알고리즘에 의해 운영이 되고 있어요. 단순히 구독자수가 많거나 조회수가 많은 걸 기준으로 노출하지 않습니다.

내 채널을 구독하고 있는 사람들이 허수인 걸 골라내고 시쳇말로 노가다로 조회수를 올리는 것도 잡아냅니다. 정말 순수하게 내 콘텐츠를 좋아해서 보는 진성 구독자가 몇 명인지 이미 그들은 알고 있습니다. 이에 따라 내 채널을 좋은 채널인지 나쁜 채널인지 파악하고 키워줄지 말지를 결정합니다.

유튜브를 운영하는 구글에서 이에 관해 정확한 기준을 내놓지는 않았지만, 운영하다 보면 '유튜브 스튜디오'라는 도구를 이용해 결괏값과 통계를 이용해 추측해볼 수 있습니다. 저 역시 이걸 모르고 초반에 구독자 '수'에 눈이 멀어 주변에 구독해달라고 부탁했고 그 결과 천 명 구독자를 달성하기까지 거의 22개월이 걸렸습니다. 또한, 영상과 함께 노출되는 조회수가 신경 쓰여 다른 SNS에 공유해 클릭을 부탁했지만 시청지속시간이 짧아져 오히려 안 좋은 콘텐츠로 인식되었죠.

보통은 이렇게 되면 기존 채널을 버리고 새로운 채널을 개설해 다시 운영하는데요. 저는 두 자리 숫자 구독자에 미련을 버리지 못하고 망가진 채로 오랜 시간을 낭비할 수밖에 없었습니다. 그런 연유로 유튜브가 참 어렵다고 말하는 것이고 또 그러한 연유로 하기 전에 이러한 사실을 꼭 알아두라고 하는 것이고요.

현재 저는 인스타그램이나 블로그에 유튜브에 관한 이야기를 잘 언급하지 않습니다. 유튜브 영상을 1분 안팎으로 편집해서 피드에 노출하던 것도 그만두었고요. 꼼수는 통하지 않는다는 걸 배웠으니까요. 유튜브는 결국 그 안에서 나의 채널과 결이 비슷한 콘텐츠를 좋아하는 일반 시청자분들에게 선택을 받아야 합니다. 그걸 모르면 너무 멀리 돌아가야 합니다.

맞구독도 이와 비슷한 이유로 하지 말라고 말씀드립니다. 보통 처음 유튜브를 시작하는 분들이 인스타그램이나 블로그를 생각하고 서로의 채널을 방문하고 응원하기 위해 맞구독이라는 걸 하는데요. 맞구독을 한 분이 매번 업로드되는 영상을 끝까지 봐주는 게 아니므로 이는 채널에 악영향을 미칠 수 있습니다. 만약 반드시 구독을 해주는 사람이 좀 있기를 바란다면 차라리 내 영상이 올라올 때마다 인내심을 갖고 시청해줄 수 있는 가족에게 부탁하시길 바랍니다.

저는 22개월간 유튜브 고수들이 하지 말라는 것만 다 했습니다. 그래도 꾸준히 성실하게 콘텐츠를 연구하고 업로드하니 어느 순간 노출수도 많아지고 저의 채널을 긍정적으로 평가하는 게 느껴지더라고요. 아직 갈 길이 멀긴 하지만요.

그러니 여러분은 저와 같은 시행착오를 겪지 마시고 탄탄대로만 걸으세요!

PART 5

SNS로 돈 버는 법

광고 달아
과자값 벌기

————— 지금까지 SNS에 대해 알아봤습니다.

이제 정말 어떻게 하면 돈을 벌 수 있을지 알아볼 차례입니다. 인스타그램으로 돈을 많이 벌었다 혹은 블로그가 돈이 된다, 유튜버로 직업 바꿨다는 이야기 많이 들어보셨을 거예요. 시작하기 전에는 그 말이 참인지 확인할 수 없습니다. 혹하기는 하지만 쉬이 믿을 수 없기도 하고요. 그래서 이제 제가 3가지 SNS 플랫폼으로 어떻게 월 100만 원을 벌 수 있었는지 방법부터 금액까지 모두 보여드리도록 하겠습니다. 큰돈은 아닐 수 있지만, 월급 외 부수입으로는 적지 않은 게 사실이거든요. 앞으로 SNS를 하는데 동기부여가 되었으면 좋겠습니다.

먼저, 블로그 광고 수익에 대해서 말씀드리도록 하겠습니다. 맨 앞에서 말씀드린 것처럼 다양한 포털사이트에서 이 서비스를 제공하지만 본 챕터에서는 네이버의 블로그 서비스를 예시로 들어 설명하고자 합니다. 그 이유는 업체마다 정산방식이나 금액이 천차만별이어서 제가 경험한 것만을 말씀드리기 위해서예요.

네이버 블로그는 광고를 달아 수익을 낼 수 있습니다. 이 서비스를 '애드포스트'라고 합니다. 물론 아무나 광고를 달 수 있는 건 아닙니다. 소기의 조건을 충족해야만 가능한데요. 이를 네이버 애드포스트 페이지에서는 이렇게 명시하고 있습니다.

- 📌 **미디어 운영기간**
- 📌 **전체 공개 콘텐츠 수**
- 📌 **방문자 수(UV), 페이지뷰(PV)**

이 세 가지 조건을 충족해야 등록승인이 날 수 있는데, 정확한 숫자를 언급하지 않기에 보통 이렇게 추측하고 있습니다.

- 📌 **블로그를 생성한 지 90일 이상**
- 📌 **총 발행 게시물 50개 이상**
- 📌 **방문자수 일 100명 이상**

정확한 건 아니니 참고만 하시길 바랍니다. 네이버가 정확한 기준을 공개하지 않는 이상 완벽한 답을 얻을 수는 없으니 말이죠.

저 역시도 블로그 운영을 시작한 후 2년 뒤인 2014년 11월에 승인이 나서 수익이 조금씩 발생하기 시작했습니다. 첫 광고수입은 104원이니 정말 작고 소중한 금액이네요. 2015년 7월에는 1,303원을 2016년 6월에는 5,868원을 달성했고 2016년 9월

에는 8,198원을 벌었고 2017년 10월에는 15,725원을 기록하며
최고금액을 갱신해왔습니다.

어느 정도의 연간수입을 기록했는지 확인해보니 이 정도가
되네요.

연도	수입
2022년	90,000원
2021년	42,300원
2020년	79,100원
2019년	59,700원
2018년	50,000원

큰 금액이 아닌 과잣값 정도의 액수지만 이는 매달 네이버페
이로 전환할 수 있습니다. 또 이를 등록된 계좌를 통해 현금으
로 받아볼 수도 있고요. 그래서 저는 이 금액을 달마다 조금씩
바꾸어 쇼핑하는 데 사용하거나 생활비에 보태고 있습니다. 만
약 액수가 크다면 정기수입 지급도 신청할 수 있는데요. 월급
처럼 정해진 날짜에 자동으로 광고 수익을 받아볼 수 있는 겁
니다. 현재는 매달 25일에 자동입금되며 다음과 같은 조건을
충족해야 합니다.

- 전월 말일을 기준으로 잔여수입이 회원이 설정한 최소지급액 이상이며(미설정 시 50,000원 이상) 수입을 자동으로 지급받기를 희망하신 경우
- 전월 말일을 기준으로 회원의 계정이 정상 상태이며(이용제한 상태가 아니며) 수입지급 계좌가 정상적으로 등록된 경우
- 사업자의 경우 휴업 또는 폐업 상태가 아닌 경우

(출처: 네이버 '애드포스트' 공식 홈페이지)

보통 이 경우는 방문자 수가 많고 수익이 최소 5만 원 이상 매달 발생하기 때문에 일반적이라고 말씀드리기는 어렵겠습니다.

저의 경우에는 광고 수익이 주가 아니므로 블로그 방문자 수와 광고전환율을 높이기 위해 특별한 노력을 기울이지는 않습니다. 요즘에는 SNS를 하더라도 플랫폼 자체 수익만으로는 큰 성과를 거두기 어렵거든요.

그런데도 애드포스트를 달아 광고 수익을 정산하는 이유는 그달의 활동을 숫자로 가늠해볼 수도 있고 포스팅을 하는데 원동력이 되어주기 때문입니다. 소소하게 현금으로 지급되니 이제 블로그를 그만할까 싶을 때 조그마한 위로와 응원이 되기도 하고요. 여러분도 적은 금액이지만 광고 수익을 신청하셔서 꾸준히 유지하는데 동기부여가 되길 바랍니다.

조금 더!

광고 수익을 위해서는 일단 발행 게시물이 필요합니다. 일종의 마중물 같은 건데요. 만약 수익을 위해서만 포스팅을 하게 되면 적어도 50건 이상의 글을 원고료도 없이 쓰게 되어 지칠 수 있습니다. 그러니 시작할 때는 광고를 달아 당장 수익을 내겠다는 마음가짐보다는 블로그를 통해 수다도 떨고 정보도 공유하며 즐기겠다는 자세가 필요합니다.

저 역시 9만 원을 벌기 위해서 발품을 팔아 글을 써야 한다고 생각하면 시작조차 못했을 것 같습니다.

애드포스트 홈페이지 https://adpost.naver.com/
광고 미디어 등록하는 법
애드포스트 페이지 → 미디어 관리 → 미디어 등록 → 미디어 선택 → 미디어 정보 입력 → 등록 완료

 **알아두면 좋은 내용**

네이버 블로그뿐만 아니라 네이버 밴드와 포스트도 광고 수익을 신청할 수 있습니다. 미디어 등록 시 만약 블로그와 밴드 그리고 포스트도 운영하고 있다면 복수 선택하여 모두 신청 가능합니다.

체험단으로
한 달 커피값 벌기

─────── SNS를 시작하고 난 뒤 저의 주말은 조금 달라졌습니다. 뭘 할지 고민하기도 전에 이른바 '스케줄'이 생긴 거지요. 바로 체험단 제도 덕분입니다. 포털사이트에 정보를 검색하다 보면 관련 포스팅을 확인할 때가 많으실 겁니다. 보통 글을 쓰고 업로드하는 조건으로 현물이나 현금을 지원받습니다. 비단 블로그뿐만 아니라 인스타그램이나 유튜브에서도 이런 게시글이나 영상을 만나볼 수 있답니다. 보통 게시물에 #협찬 #유료광고 등의 표시를 하거나 이미지를 다는데요. 이는 불법이 아니며 정보를 전달하기 위해 콘텐츠를 제작하는 행위에 대한 일종의 보상이자 노동의 대가라고 보면 됩니다. 물론, 이를 표기하지 않고 교묘하게 광고를 하는 것은 불법이지만요. 아무튼, SNS상에서 물건이나 서비스를 받고 리뷰나 후기를 작성하는 제도를 보통 체험단이라고 부릅니다.

앞선 챕터에서 말씀드린 광고 수익은 사실 큰 보상이 되지 못합니다. 대신 체험단 제도를 통해 이를 상쇄할 수 있습니다. 사실 저도 블로그를 처음 시작할 때 광고 수익보다는 체험단을 해보겠다는 마음이 더 컸습니다. 검색하다 보니 내가 돈을 내고 가거나 먹은 걸 누군가는 공짜로 받거나 원고료를 받고 체험한 경우가 왕왕 눈에 띄더라고요. 그리고 2012년 블로그를 시작한 이래로 포스팅을 쌓아가면서 그 기회를 엿보기 시작했습니다.

SNS 체험단은 따로 조건이 명시되어 있지 않은 한 누구나 신청 가능합니다. 해당 업체 사이트에 가입한 후, 올라오는 캠페인을 보고 원하는 내용을 클릭한 뒤 기본적인 정보와 신청이유를 적으면 끝입니다. 그 후 선정이 되면 카카오톡이나 블로그 댓글 또는 휴대전화 번호로 연락이 오고 업체와 일정을 조율한 뒤 체험하고 포스팅을 하면 끝입니다. 이렇게 설명하니 조금 복잡해 보일 수도 있는데요. 직접 경험해보면 생각보다 쉽습니다.

저는 방문자 수가 적을 때부터 체험단 사이트를 즐겨찾기 해두고 틈틈이 응모했습니다. 하지만 기회가 쉽게 주어지지는 않더라고요. 그도 그럴 것이 보통 3만 원에서 많게는 10만 원이 넘는 서비스가 제공되니 SNS를 활발하게 하는 이를 뽑으려고 하거든요. '인플루언서'까지는 아니더라도 블로그 기준 일방문자 100명 이상 인스타그램 팔로워 1,000명 이상은 넘어야 소기의 조건을 충족하는 듯했습니다. 하지만 그렇다고 해서 포기할 제가 아니지요. 나름의 전략을 세웠습니다. 상대적으로 신청자가 적은 캠페인을 공략하는 겁니다. 설정값 조정을 통해 '마감

임박', '최신', '인기많은' 으로 나열할 수 있는데 이를 거꾸로 이용해 마감이 임박했는데 인기가 적은 순으로 캠페인을 확인했습니다. 그러다 보니 하나둘씩 선정이 되기 시작했고 어느새 신청하면 곧잘 뽑히게 되더니 어느 순간 인기 많은 제품이나 서비스에도 선정이 되더라고요.

그렇게 해서 제가 해본 체험단 종류는 정말 많습니다. 맛집은 기본이고 카페도 있었고 제품을 배송받기도 하고 숙박도 해보았습니다. 금액으로 환산해보면 적게는 2만 원가량부터 많게는 기십 만 원에 달합니다. 지금까지 했던 체험단이 못해도 족히 50군데는 되니까 적게는 100만 원에서 300~400만 원은 되는 것 같습니다. 그나마도 어느 순간 비중을 많이 줄여서 그런 거고 만약 맘만 먹고 꾸준히 열심히 했다면 액수로는 천만 원 가까이는 쉬이 달성할 수 있었을 겁니다. 특히 숙박이나 제품 쪽은 가격대가 있는 편이라서 돈도 아끼고 살림 장만할 기회가 더 높고요.

일주일에 두 번 체험단을 진행할 경우 한 달이면 8회이고 회당 3만 원가량의 혜택을 받으면 24만 원가량 절약함으로써 수입이 생기는 셈입니다. 그럼 한 달 커피값 정도는 되겠죠.

이렇게 했던 체험단 중에서 기억에 남는 것 몇 가지만 소개해보겠습니다. 우선, 남해 펜션에서 무료로 1박 2일 숙박을 한 적이 있는데요. 태어나 한 번도 가보지 못한 지역이라 기대가 컸고, 그 이상으로 좋은 추억이 남았습니다. 바닷가 앞에 자리한 덕분에 오션뷰도 실컷 감상하고 근처 몽돌해변에서 인생샷도 많이 남길 수 있었거든요. 시설이 훌륭했던 건 물론이고 머무는 동안 따뜻하고 친절하게 잘 대해주셔서 부족함 없이 머물렀습니다. 일부러 이 체험을 하기 위해 남해까지 간 건 아니고 여행지에 남해를 포함하고 나서 해당 지역의 캠페인을 알아보고 신청했는데 선정이 되었어요. 날짜와 지역만 맞는다면 내가 거주하고 있는 지역이 아니라 다른 지역도 체험 가능합니다.

그다음으로는 체험단에 선정되어 맞춤 안경을 받은 적이 있습니다. 실제로 해당 안경원에 방문하여 시력검사도 하고 안경테와 렌즈도 직접 골랐어요. 원래 제가 지급해야 할 금액은 13만 원 정도였는데 무료로 받았습니다. 게다가 이런 방문 제품의 경우에는 대리체험도 가능합니다. 사전에 체험단과 업체 측과 조율하여 가족이나 지인을 데리고 방문한 뒤 촬영과 리뷰작성은 본인이, 체험은 대리로 하면 됩니다. 고마운 이에게 보답도 하고 포스팅에 전념할 수 있으니 일석이조라고 할 수 있겠네요.

보령시 팸투어 참가자 모집 공고문

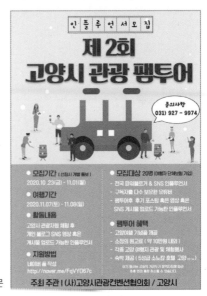

제2회 고양시 관광 팸투어 공고문

요즘에는 지방자치단체나 관광협회에서 이런 식의 체험단과 비슷한 '팸투어'라는 제도를 운용하고 있기도 합니다. 블로거나 인플루언서 또는 유튜버를 초대해 무료로 여행체험과 숙박을 제공하는 것인데요. 당일 또는 1박 2일 일정으로 진행되는 경우가 많아 해당 일정 내의 경비를 지원받을 수 있게 되니 적어도 5만 원에서 20~30만 원가량의 혜택을 볼 수 있습니다. 이 경우에는 체험단 사이트가 아닌 자체 홈페이지나 SNS 계정을 통해 공지되고 신청을 받으니 관심이 있다면 해당 사이트도 즐겨찾기 해두고 틈틈이 확인해보면 좋겠죠?

조금 더!

SNS를 활발하게 운영하고 있다면 체험단에 신청하지 않아도 해당 업체에서 직접 연락해오는 때도 있습니다. 블로그 댓글이나 쪽지 혹은 연결되어 있는 메일을 통해 확인할 수 있고 인스타그램은 DM을 통해 유튜브는 채널소개에 기재해둔 메일 주소를 통해 연락받을 수 있습니다. 이렇게 다이렉트로 체험을 진행하는 경우에는 해당 업체가 진짜로 존재하는 곳인지 조건은 어떻게 되는지를 꼭 확인해보세요!

선정확률이 높은 SNS 체험단

- **강남맛집** https:강남맛집.net
- **꿀맛체험단** https://blog.naver.com/nalmedia1
- **서울오빠** https://www.seoulouba.co.kr
- **드루와체험단** https://blog.naver.com/moa_2018

광고 수익으로
치킨값 벌기

——————— 유튜브 구독자가 천 명이 넘으면 돈 번다는 말, 한 번쯤은 들어보셨을 겁니다. 정확하게는 구독자 1,000명 이상 그리고 지난 12개월 내 재생시간 4,000시간을 채우면 광고 프로그램인 구글의 애드센스를 신청할 수 있는 자격을 갖추게 된다는 건데요. 여러분도 유튜브를 하다가 이 조건에 도달하면 내 영상에 광고를 달아 수익을 얻을 수 있습니다.

🎏 유튜브 구독자 1,000명 달성
🎏 지난 12개월간 재생시간 4,000시간 달성하면 유튜브 스튜디오에서 신청 가능

최근 일 년간 누적시청 4,000시간과 구독자 수 1,000명이 모두 충족되면 수익화를 신청하라는 안내 메일이 날아옵니다.

이를 확인한 뒤 파트너 프로그램 약관을 검토하고 승인하면 되는데요. 구글 애드센스 계정이 있다면 유튜브 채널과 연결해주면 되고 없다면 새롭게 가입하여 하나 만들어야 합니다.

이 전 과정을 마무리했다면 그때부터 영상에 광고를 붙여 수익화를 진행할 수 있습니다.

▶ Studio   ⓞ 혼자
                                    일해요

혼자일해요님,

YouTube 파트너가
되셨습니다

수익 창출 방법

▶ 보기 페이지 광고 사용 중

보기 페이지에서 광고와 YouTube
Premium으로 수익을 창출하세요.

[설정 완료]

� Shorts 피드 광고 사용 중

Shorts 피드에서 광고와 YouTube
Premium으로 수익을 창출하세요.

요건을 충족하는 Shorts 조회수로 자동으로 수익을
창출하고 있습니다. 자세히 알아보기

🔲🔲   ▶   📊   📝 $
대시보드   콘텐츠   분석   댓글   수익 창출

혼자일해요님, 안녕하세요.

혼자일해요 채널에서
YouTube 파트너 프로그램
자격요건인 구독자 수 1,000
명과 공개 동영상의 시청 시
간 4,000시간(지난 12개월
간)을 달성했습니다.

아직 채널에서 수익이 창출되
고 있지 않습니다. YouTube
스튜디오의 수익 창출 섹션으
로 이동하셔서 다음 단계를
확인해 보세요. 이미 약관을
수락하시고 애드센스를 설정
하셨다면 더 이상의 조치가
필요하지 않습니다.

▶ YouTube

축하합니다. 귀하의
YouTube 채널, 혼자일해요
의 YouTube 파트너 프로그
램 가입이 승인되어
YouTube에서 수익을 창출하
실 수 있게 되었습니다.

시작하시려면 YouTube 크리
에이터 센터를 확인하여
YouTube팀 및 다른 크리에
이터와 소통해 보세요.

유튜브 파트너 프로그램 약관 검토

- 구글 애드센스 가입 혹은 계정 연결

- 최종 검토

- 승인

- 수익 발생

저는 유튜브를 제대로 운영하기 시작한 지 22개월 뒤에 최소 조건을 달성해 11월 18일에 파트너 프로그램이라 명명되는 이 수익화를 신청했고 2022년 11월 21일에 승인을 받고 수익이 나기 시작했습니다. 그 후로는 매일 하루에도 몇 번씩 유튜브 스튜디오에 확인하고 또 확인합니다.

현재는 61.14달러네요. (2023년 3월 8일 기준) 너무 적죠? 하지만 이제는 하루에 적게는 0.5달러에서 많게는 1달러까지 수익이 쌓이고 있습니다.

누가 그런 이야기를 하더군요. 구독자 1,000명 정도 되는 유튜버는 광고 수익으로 한 달에 치킨 한 마리 정도 사 먹을 수 있다고요. 제가 그렇게 되었습니다. 어림잡아 계산해보니 매달 광고수입이 15달러 정도라 두 마리까지는 어려울 것 같고 많은 분이 좋아하시는 뿌링클 치킨 정도는 사 먹을 수 있겠네요.

단, 이를 바로 인출 할 수 있는 건 아닙니다. 유튜브에서는 애드센스 승인을 받은 후에도 누적 광고 수익이 100달러 이상일 경우에 이를 찾아 쓸 수 있게 하고 있거든요.

지금 이 속도대로라면 5개월 정도 기다리면 그 이후로는 매달 공짜 치킨을 먹을 수 있게 되는 겁니다.

하지만 저는 그 금액을 당장은 인출할 생각이 없습니다. 달러로 지급되기에 꾸준히 모았다가 미국주식을 사거나 혹은 환율이 높을 때 바꿀 생각입니다. 적은 돈이지만 모이면 또 다른 수익구조가 만들어질 것 같거든요.

조금 더!

많은 분들이 구독자 1,000명 채우기에만 몰두하시는 데 그것보다는 최근 12개월 재생시간 4,000시간을 채우는 것이 훨씬 어렵습니다. 그도 그럴 것이 날짜가 카운트되니까 매일 재생시간 수가 줄어들거든요. 저 역시도 구독자 1,000명 달성을 먼저 한 뒤 재생시간 4,000시간을 확보할 수 있었습니다. 이 과정을 통해 느낀 건 구글의 알고리즘은 무섭다는 것과 돈 벌기는 쉽지 않다는 점이었습니다. 다만, 편법은 통하지 않지만 약간의 꼼수는 통하는데요. 바로, 내 채널을 구독하고 있는 가족이나 지인에게 평소에 끝까지 영상을 시청해달라고 부탁하는 겁니다. 그게 어렵다면 최근 업데이트된 콘텐츠만이라도 꼭 확인해달라고요. 그러면 구독자 1,000명 채우기에 맞춰서 재생시간도 준비할 수 있을 겁니다.

기자단/서포터즈단으로
생활비 벌기

—————— 이제 본 게임으로 들어가보겠습니다. 지금까지 용돈도 안 되는 정도의 수익을 거두었다면 한 달 생활비에 준하는 부수입을 얻을 수 있는 방법을 소개하겠습니다. 또한, 저는 이 방식으로 45만 원에서 50만 원가량의 수익을 매달 낸 적이 있으니 참고하여 따라해보시면 좋을 것 같습니다.

블로그와 인스타그램 그리고 유튜브를 어느 정도 운영을 하면서 감이 좀 잡혔다 하는 때가 올 겁니다. 개인마다 편차가 있지만 센스가 있는 편이라면 앞선 애드포스트의 승인 조건에 가까운 글 10개 정도를 업로드하면 이렇게 하면 되겠다는 느낌을 받을 수 있고, 만약 그런 센스가 부족하다 하더라도 50개 정도를 포스팅하면 앞으로 어떻게 하면 될지 알게 될 겁니다.

저는 2012년에 블로그를 시작했고 3~4년 정도 지났을 무렵 그런 느낌을 받았습니다. 인스타그램은 2016년에 제대로 시작해서 1년 정도 지났을 무렵 어떤 메커니즘인지 알겠더라고요. 유튜브 같은 경우에는 2020년 12월경에 리뉴얼해서 운영하기 시작했고 2021년 8월이 지날 무렵부터 촉이라는 게 조금씩 생기기 시작했습니다. 사진이나 디자인 그리고 영상 쪽에는 센스가 거의 없다시피 해서 시간이 좀 걸린 편이니 이런 부분이 친숙한 분이라면 절반 정도의 시간 투자로 혹은 바로 깨우칠 수 있을 겁니다.

아무튼, 이런 시간 투자와 노력 끝에 SNS 운영에 재미가 붙었고 활용하는 법도 좀 알겠다는 생각이 들면 '블로그 기자단' 또는 'SNS 서포터즈단'을 해보는 걸 추천하고 싶습니다.

공공기관이나 지역 혹은 업체에서는 정책이나 새로운 제품 또는 서비스 등을 체험하고 홍보해줄 수 있는 일반인들을 '기자단' 또는 '서포터즈단'으로 구성하여 관련 내용을 작성하고 포스팅하면 원고료나 활동비를 지급합니다.

모집 기간은 기관별로 다르지만 보통 연초에 가장 활발하게 이뤄지는 편입니다. 특히나 공공기관이라면 1~2월에 모집해서 3~4월부터 활동을 시작하는 곳이 많습니다. 일반 업체 같은 경우에는 연중 상시로 모집하기도 하고요. 보통 기수제로 운영을 하는데, 한 번 선발되면 약 9~10개월 정도 활동하게 되고 짧게는 3~4개월을 한 텀으로 하기도 합니다.

예를 들어 2023년 블로그 기자단에 지원한다고 하면 2월에 모집하여 3~11월까지 총 9개월 동안 활동합니다. 또는 2023년 3월에 지원해서 4~7월까지 활동하고 또 8월에 모집해서 9~11월까지 3~4개월씩 활동하기도 합니다.

보통 공고는 해당 지자체나 공공기관 또는 업체 홈페이지와 공식 SNS 계정을 통해 확인할 수 있습니다. 만약 이 모든 정보를 모아 한 번에 확인하고 싶다면 '위비티'나 '씽굿' 또는 '올콘' 등의 대외활동 사이트를 이용해도 됩니다. 저는 이런 사이트를 보기도 하지만 주기적으로 '블로그 기자단 모집'이나 '서포터즈 모집'과 같은 키워드를 포털사이트에 검색해 지원했습니다. 그러니 편한 방법을 선택해 활용하면 됩니다.

기자단 혹은 서포터즈단 활동을 권장하는 이유는 무엇보다 조금 더 큰 수입을 얻을 수 있기 때문입니다. 물론 SNS를 하는데 동기부여가 되기도 하고, 많은 사람들과 소통할 수 있기도 하지만 우리가 투자하는 시간과 노력에 대해 대가를 받을 수 있다는 게 가장 큰 장점이니까요.

'SNS 서포터즈'나 '블로그 기자단'을 하면 활동에 따른 원고료나 활동비를 받을 수 있습니다. 보통 5만 원 안팎으로 책정되어 있고 기관마다 모집 공고에서 따로 액수를 밝히지 않는 경우가 많아 확인해보는 게 제일 정확합니다. 저는 항상 지원하기 전에 담당자 메일로 활동비나 원고료를 문의하여 확인했습니다. 돌이켜보면 약간 귀찮게 하는 지원자였던 셈이네요. 하지만 저는 이런 활동을 무료로 하거나 정말 교통비 정도의 소액만 받고 진행하는 건 어렵다고 생각했기에 마지노선을 정해 그 부분을 충족하면 지원했습니다.

한 건의 포스팅을 하면 5만 원을 받는데 어떻게 한 달에 4~50만 원의 수익을 얻을 수 있다는 걸까 의문이 들 수도 있을 거예요. 보통 기자단이나 서포터즈단으로 선발되면 한 달 평균 3건의 포스팅을 할 수 있습니다. 그렇게 되면 건당 5만 원씩 3회니 15만 원이 되는 셈이지요. 비법은 이런 블로그 기자단이나 SNS

서포터즈 활동을 하나만 하는 게 아니라 여러 군데 중복으로 지원하여 활동하는 것이죠.

예를 들어 A 블로그 기자단에 선발되어 한 달에 3건의 원고를 작성하고 15만 원을 받고, 동시에 B SNS 서포터즈단으로도 활동하며 한 달에 3건의 포스팅을 해 15만 원을, 또한 C 사의 SNS 기자단으로 활동하며 한 달에 3건의 게시물 올리고 15만 원을 받아 도합 45만 원의 수익을 올릴 수 있는 셈입니다.

약간 무리한 스케줄이라는 생각이 들 수도 있겠지만, 꼭 그렇지도 않습니다. 세 군데에서 블로그 기자단 또는 SNS 서포터즈로 활동하면 한 달 동안 업로드해야 할 포스팅은 총 9건, 일주일에 3건을 올리면 한 달이면 충분히 채울 수 있습니다. 게다가 보통 원고의 양을 A4용지 한 장 기준으로 책정하고 있어 그렇게 많은 시간을 투자하지 않아도 됩니다. 또한, 인스타그램을 기반으로 활동하는 SNS 서포터즈라면 물리적으로 시간이 덜 소요됩니다. 보통 이미지의 개수로 책정하고 또한 긴 글이 어울리지 않는 플랫폼이라는 걸 알기에 보통 200~500자 안팎으로 게시글을 작성하게 하거든요. 영상을 제작할 때는 좀 더 높은 소득을 올릴 수도 있습니다. 들어가는 품이 더 많으므로 활동비 책정이 높습니다. 기관이나 업체별로 다르지만 10만 원 안팎으로 기준이 정해져 있습니다.

'블로그 기자단'이나 'SNS 서포터즈'의 경우 이렇게 중복으로 지원하고 활동해도 문제가 되지 않습니다. 가끔 식품 쪽에서는 동종업계 중복 서포터즈 활동이나 기자단 활동을 금한다고 하기도 하는데 그러면 분야를 달리하면 되니까요.

많은 분들이 '글을 정말 잘 쓰고 사진 잘 찍는 준전문가만 하는 거 아니냐'고 생각하시는데, 저와 함께 활동하는 분 중에는 은퇴한 나이 지긋한 어르신, 전업주부들도 계셨습니다.

그렇다면 이제 저의 활동 명세를 공유하도록 하겠습니다.

- A 블로그 기자단 : 원고료 건당 5만 원 / 월 최대 3회 포스팅
  한 달 수입 15만 원 (2017~2018)
- B 블로그 기자단 : 원고료 건당 5만 원 / 회의 월 최대 3회 포스팅
  한 달 수입 15만 원 (2017)
- C 인터넷신문 객원기자
  : 원고료 건당 10만 원 / 월 최대 3회 기사 게재 가능
  한 달 수입 30만 원 (2018)
- D 서포터즈 : 원고료 건당 7만 원 / 활동 기간 내 3회 포스팅
  총수입 21만 원 (2017~2018)

이런 수입들은 본업을 하는 와중에 큰 힘이 되어주었습니다. 특히나 프리랜서로 일을 하고 있다면 작지만, 고정수입을 통해 좀 더 든든함을 느끼실 수도 있고요. 그러니 바로 한 번 도전해보세요.

내가 사는 지역이 아니더라도 다른 지역 서포터즈단이나 기자단으로 활동할 수 있습니다. 보통은 연령대가 조금 높은 분들이 많이 거주하는 지역에서는 주소지와 상관없이 애정이나 관심만 있다면 지원할 수 있게끔 조건을 완화하고 있어요. 그러니 여행을 자주 가거나 가족이나 친척이 거주해 잘 아는 곳이라면 도전해보는 것도 좋습니다.

참고하면 좋은 사이트

- **위비티** https://www.wevity.com/
- **올콘** https://www.all-con.co.kr/
- **씽굿** https://www.thinkcontest.com/

크리에이터로
월 100만 원 벌기

─────── 이제 거의 다 오셨습니다! 차근차근 스텝을 밟으며 SNS도 개설해서 운영해보고, 그걸 통해 광고이익도 얻고, 기자단과 서포터즈를 통해 수익화에 성공했다면, 이제 남은 건 단 하나! 제2의 월급입니다.

코로나19 시절을 거치며 많은 분들이 재테크에 눈을 뜨게 되었는데 저도 사실 그중 하나입니다. 비록 큰 수익을 내고 있지 못하지만 조금씩 공부를 하며 경험을 쌓고 있는데요. 그거 아세요? 1억 원어치의 미국주식을 사도 배당금은 월 30만 원에 불과하다는 것을요? (종목에 따라 다르지만 평균적인 액수) 그에 비교하면 크리에이터 활동은 투자금 없이 월 100만 원에 가까운 수입을 올릴 수 있습니다. 그러니 두려워하지 마시고 귀찮아하지 마시고 도전하는 걸 추천해드리고 싶어요. 잃을 게 없이 얻을 것만 있으니까요.

앞서 설명드린 '기자단'과 '서포터즈' 활동은 50만 원에 준하는 수익을 거둘 수 있는 좋은 제도입니다. 하지만 보통 원고료가 5만 원 안팎으로 고정되어 있어 더 큰 수입을 기대하기는 어렵습니다. 아무리 내가 포스팅을 잘해도 영혼을 갈아 콘텐츠를 만든다 하더라도 그에 따른 추가 수익은 없으니까요. 저 역시도 그랬습니다. 기자단과 서포터즈를 하며 수익화에는 성공했는데 어느 순간 내가 마지노선으로 정한 고료와 차이가 나기 시작했습니다. 초보 때는 건당 5만 원이라는 원고료와 활동비에 만족했지만, 경력이 늘어나자 조금 더 나의 콘텐츠를 인정받고 싶었거든요. 그렇다고 오해는 마세요! 지금도 비교적 대우가 좋은 '기자단'과 '서포터즈'에는 관심이 많고 다시 또 해볼 생각도 있으니까요. 그저 사람이 성장하듯 욕심도 커진다는 걸 말씀드리고 싶었습니다.

그래서 조금 더 많은 원고료나 활동비를 책정하는 활동을 알아보기 시작했습니다. 그런데 정말 있더군요. 건당 10만 원에서 최고 20만 원을 지급하는 것들이요. 그런 활동은 보통 '크리에이터'라는 이름으로 모집하고 있었습니다. 내용은 '기자단'이나 '크리에이터'와는 크게 다르지 않지만, 차이점이 있었어요.

📌 하나, 조금 더 많은 팔로워 수나 활동지수
📌 둘, 조금 더 품이 들어간 콘텐츠

이 두 가지였습니다.
기존의 '기자단'이나 '서포터즈' 활동에서 요구하는 글이나 포스팅이 1,000~1,500자 내외에 단순 이미지 몇 장에 그쳤다면 '크리에이터'는 허들이 조금 높습니다. 선발과정에서 사전제작한 콘텐츠를 심사하는 것은 물론이고 기획서도 따로 제출해야 합니다. 게다가 매달 제작할 콘텐츠를 보고하고 승인받아야 활동을 할 수 있더라고요. 그러다 보니 같이 활동하는 다른 크리에이터들도 심혈을 기울여 결과물을 내는 것이 느껴졌습니다.

선발 시기나 과정은 '기자단'이나 '서포터즈'와 비슷합니다. 공공기관을 비롯한 일반 기업에서 뽑는데 보통 연초에 모집을 많이 하는 편이고 선발되면 기수제로 반 년에서 일 년 정도 활동합니다. 심사는 기관에 따라 면접을 보거나 포트폴리오를 제출하게 합니다. 이때 지원서를 조금 더 꼼꼼하게 쓰는 것과 더불어 나만의 경쟁력을 어필하면 됩니다. 아무래도 보상이 크다 보니 경쟁률도 높아서 그 안에서 차별화될 수 있는 지점이 있어야 선발되기가 수월하거든요.

그래서 저는 SNS 채널을 모두 이용했습니다. 팔

로워가 1만 명이 채 되지 않은 인스타그램과 일 방문자수가 300~500에 불과한 블로그 그리고 구독자가 1천 명이 안 되는 유튜브를 통해 저만의 장점을 보여준 것이죠. 인스타그램을 통해서는 어떤 활동을 하는지 한눈에 파악할 수 있게 하고, 블로그를 통해서는 비교적 장문의 콘텐츠도 만들 수 있다는 것을 증명하고, 유튜브를 통해서는 얼굴을 보이고 말을 하는 모습을 가지고 신뢰도를 높였습니다.

그러니 크리에이터 선발이 몹시 어렵지는 않더라고요. 2021년부터는 각기 다른 세 단체에서 글과 카드뉴스 그리고 영상을 만들며 활동했습니다.

- 📌 2021년 A 기관 미디어 크리에이터 콘텐츠 제작 총 2회, 활동비 건당 20만 원
- 📌 2022년 B 기관 크리에이터 콘텐츠 제작 월 2회, 활동비 건당 20만 원, 수입 월 40만 원
- 📌 2022년 C 기관 크리에이터 콘텐츠 제작 월 1회, 활동비 건당 50만 원, 수입 월 50만 원

그래서 저는 한 달에 크리에이터 수익으로 평균 90만 원을 그리고 여기에 블로그 광고수익과 체험단 및 협찬을 통해 10만

원의 추가 수익을 얻고 있습니다. 그래서 평범한 SNS 채널을 이용해 월 100만 원의 수입을 만들 수 있게 된 것이죠.

물론 이전의 활동에 비교해 조금 더 많은 시간 투자와 조금 더 까다로운 절차를 거쳐야 해 초반에는 많이 헤맸습니다. 하지만 금방 익숙해지더군요. 지금은 루틴처럼 각기 다른 마감일에 맞춰 일주일에 두세 번 시간을 내어 콘텐츠를 만들고 있습니다.

이런 크리에이터 모집 공고는 앞서 언급했던 대외활동 사이트에서 확인해볼 수 있고 포털사이트에 '크리에이터 모집'이라는 키워드로 주기적으로 검색하면 됩니다. 저 역시도 항상 일주일 단위로 사이트를 확인하고 키워드를 검색해 재미있는 활동이 없는지를 확인하고 체크해 두었다가 지원하고는 합니다.

여러분도 하실 수 있습니다.

차이는 그러한 제도를 알았느냐 몰랐느냐 정도 혹은 지원했느냐 지원하지 않았느냐 정도라고 생각합니다.

요즘도 종종 SNS를 어떻게 세 개나 활발히 하느냐는 호기심 섞인 질문을 받습니다. 재밌어서 하는 거라고 답하긴 하는데 그 말을 할 때마다 늘 계면쩍습니다. 그도 그럴 것이 그 질문에는 시간을 들여 열심히 한다는 함의가 숨어 있기 때문이죠. 실은 하루 30분 정도밖에는 시간 투자를 하지 않는데 말입니다.

가끔은 그냥 하나만 하라는 말도 듣습니다. 그런데 저는 그럴 생각이 없습니다. 여기서 하나를 더 하면 더 했지 덜 하고 싶진 않아요. 그 이유는 이 세 가지 SNS가 다 다른 매력을 가지고 있기 때문입니다. 글쓰기가 게을러질 때는 블로그에 리뷰라도 올리면서 마음을 다잡고, 사람을 만날 기력도 없을 때는 인스타그램에 사진으로 소통을 하고, 프리랜서라 진짜 내 것이 없다는 생각이 들 때 유튜브를 통해 저만의 콘텐츠를 쌓아나갑니다. 그리고 이 모든 건 하나의 씨앗에서 시작해 단순히 다른 형태로 가공된 거라서 짧은 시간만으로도 가능하죠. 그러니 저는 여전히 이 세 SNS를 계속할 겁니다. 또 다른 플랫폼도 기웃거리면서요.

사실 처음부터 블로그를 통해 또는 인스타그램과 유튜브를 가지고 큰돈을 벌겠다는 목표로 시작한 건 아닙니다. 그러다 보니 고가의 강의도 1:1 컨설팅도 없이 오랜 시간에 걸쳐 조금씩 천천히 나아갔습니다. 그래서 빨리 팔로워 1만 명 달성하기 혹은 1만 명 구독자 채널 키우기 또는 일방문자 1천 명 만들기를 원하는 분들께는 제 방식이 맞지 않거나 조금 답답하게 느껴지실지 모릅니다. 하지만 저는 SNS로 직업을 바꾸고 싶었던 게 아니라 내 본업을 하면서 안전망을 하나 만들고 싶다는 마음으로 했기 때문에 제 방식이 틀리지 않았다고 생각해요. 아마 이 마음은 본업이 있는 분들이라면 공감하실 것 같아요.

무리하지 않고 즐겁게 천천히, 그렇지만 월 100만 원의 부수입이 가능한 방법들을 최대한 자세히 소개해드리려고 했는데 도움이 되었을지 모르겠습니다.

저는 이제 다음 단계를 준비 중인데요. 2012년에 시작해 10년 정도 되었기에 조금 더 길게 조금 더 높은 목표를 가지고 콘텐츠들을 더 잘 가다듬으려 합니다.

여러분! 뻔한 이야기인 줄은 압니다만 정말로 시작이 절반입니다. 예전 포스팅과 동영상을 볼 때마다 삭제하고픈 욕망에 시달리지만 늘 그대로 두는 이유는 잘 모르면서 용감하게 과감하게 시도했던 저 자신이 부끄럽기보다는 자랑스럽기 때문입니다.

저보다 더 나을 첫발을 응원하겠습니다.

평범한 SNS로 월 100 벌기! 지금 한번 해보실래요?